孩子想要，比父母安排更重要！

廖小羽 著

Children Who Are on the Initiative

（修订本）

重庆出版集团 重庆出版社

图书在版编目（CIP）数据

孩子想要，比父母安排更重要 / 廖小羽著. -- 修订本.
-- 重庆：重庆出版社，2014.11
ISBN 978-7-229-08773-9

Ⅰ. ①孩…　Ⅱ. ①廖…　Ⅲ. ①家庭教育-教育
方法　Ⅳ. ①G78

中国版本图书馆 CIP 数据核字（2014）第 232879 号

版贸核渝字（2012）第 001 号

孩子想要，比父母安排更重要（修订本）

HAIZI XIANGYAO, BI FUMU ANPAI GENG ZHONGYAO

廖小羽　著

出 版 人：罗小卫
责任编辑：陈渝生
责任校对：夏则斌
装帧设计：重庆出版集团艺术设计有限公司·卢晓鸣

重庆出版集团
重庆出版社　出版

重庆市南岸区南滨路 162 号 1 幢　邮政编码：400061　http://www.cqph.com

重庆出版集团艺术设计有限公司制版
重庆三联商和包装印务有限公司印刷
重庆出版集团图书发行有限公司发行
E-MAIL:fxchu@cqph.com　电话：023-61520646

全国新华书店经销

开本：720mm×1 000mm　1/16　印张：12.5　字数：153 千
2015 年 1 月第 1 版　2015 年 1 月第 1 次印刷
ISBN 978-7-229-08773-9
定价：28.00 元

如有印装质量问题，请向本集团图书发行有限公司调换：023-61520678

让孩子主动想要，比强迫安排更重要！

某个星期三的下午，女儿和同学萍萍买了便当后，一同回家里吃饭。两人你一言、我一语，聊的都是班上发生的事情。此时，我拿出水果，与孩子们一起吃，也加入了聊天的行列。

"对了，我们等一下想去小薇家写功课，可以吗？"女儿突然问。

"既然你和萍萍都在我们家，何不干脆找小薇过来写？"

"我跟你说喔——"女儿正经八百地回答，"我们要买午餐给小薇吃。"

原来，小薇的妈妈希望小薇去补数学，但小薇硬是不肯，两人从早上就僵持着，谁也不让步，眼看上班、上学的时间到了，妈妈在气冲冲之下出门，也忘了给小薇午餐钱。

听到女儿的叙述，我转问萍萍："你们喜欢补数学或英文吗？"

"我想没有人会喜欢吧！"萍萍又接了一句，"不过我搞不懂，小薇的数学又不差，为什么还要补数学？"

****

我认识一位妈妈，在孩子幼儿园的时候，就开始让孩子学数学、英文、钢琴，到了孩子二年级时，再外加画画，连作文也学了。

当问起为什么要让孩子学这么多时，这位妈妈回答："这样才能帮孩子从小打好基础。"她告诉我，她所认识的亲朋好友、邻居中，不少人都是这样让孩子提早打好基础，将来数学好、英文好，作文也写得顶呱呱。

"那，你儿子有没有说过不想学这么多？"我很好奇。

　　说到"孩子的将来怎么办"，的确是父母最关心的事，一位妈妈甚至说："我也觉得孩子连星期日都要补习很辛苦啊，可是不这样，将来怎么办？"

　　这样的心情，我也曾经有过，眼看着身旁有小孩的人，不是让孩子补数学，就是让孩子提早接触理化，如果没有补数、理，至少也会学英文，加上听到太多人说："小学四年级的数学会突然难了起来，中学更难，没打好基础就完了"、"中学英文比小学难很多，很多小学没补英文的孩子都放弃了"、"早一点把英文学起来，中学就可以减少一科的负担"……诸如此类的话，让我也十分纠结，觉得孩子小学可以不补数学，但"好歹要学英文"吧！

　　于是，当女儿一年级的时候，我就曾经问过附近的英文补习班，想为女儿将来的英文学习做准备。

　　不料，从未学过英文的女儿，在学校考试的成绩还不错，加上先生是属于"把学校教的学好就 OK"，又看到女儿放学回家后，可以做自己想做的事（画画、玩、看课外读物），我也就没有让她去上坊间的英文班。

　　虽然如此，我必须说实话，我的一颗心依然有些忐忑，毕竟有太多人告诉我："小学的英文实在简单到不像话，到了中学有很大的落差。"总觉得似乎还是得安排女儿学英文比较好，于是，即使女儿在二年级下学期之前，英文考试几乎都是满分，我仍然不死心地用"赞美法"问女儿："既然你从来没学过英文，也能考这么好，表示你有语言天分，要不要趁早学更多，让英文更好？"

　　女儿却回答："妈妈，虽然我英文考得好，可是我对英文真——的——完——全——没——兴——趣。"

　　令我意想不到的是，原本说什么也不愿意在外面补英文的女儿，竟然在小学三年级时改变了。

那是开学后不久的某一天，女儿吃完晚餐后，突然问："妈妈，你是不是很希望我学英文？"

"看你自己想不想学啰，不过我觉得英文学了就不要放弃。"我给了一个很中肯的答案。

"好，那我要学。"

"你是说你——要——学——英——文。"我下巴差点儿没掉下来。

怎么可能？这个一向对英文一点儿兴趣也没有的女孩，何时变得喜欢起英文了？还主动要求要学英文？

细聊之后才知道，原来，女儿在这个新班级最要好的朋友Candy，与其他几位女儿认识的同学，都在同一个英文班，引起了女儿想学英文的动机。在了解英文班老师使用的课本及教学理念后，我觉得很不错，于是也让女儿正式加入课后的英文学习班。

从完全不想学到主动开口，我发现孩子不是不愿意，而是缺乏学习的动力——动力的来源是很多元的，有的孩子因为启蒙老师很会教，让孩子对学习有兴趣；有的孩子是为了考高分而学习；也有人是因为喜欢某个老师，就对老师教的科目特别用功；甚至像我女儿这样，想与好朋友一起学习。

当然，孩子原先的动力，也可能因为种种原因而消失，此时，父母们千万不要顾着骂孩子"虎头蛇尾"或对孩子生气、觉得孩子浪费钱。因为，孩子才是真正在现场学习的主角，很多时候，或许老师教的方式孩子听不懂、无法接受，或是教学环境不舒服，甚至其他原因，让孩子失去学习的动力。

女儿在四年级时告诉我，她想停止课外英文的学习，乍听之下我不太能接受，觉得她怎么可以轻易放弃，但经过长聊后，我采取相信她的态度，毕竟，强迫孩子的意愿，对孩子的学习兴趣并不见得有帮助。我想，下次当女儿想学东西的时候，也会更深入地思考，不会因为同学去就跟着去。

在教养孩子的路上，我一直在学习着。过去，我跟许多父母一样，担心在升学体制下，孩子的成绩如果不理想，将来怎么办？但后来我发现，一个喜欢自己的孩子会因为自己的价值而快乐；一个独立的孩子会懂得自己处理自己的事情；一个学会选择的孩子，在决定及判断上面将会更精准；一个勇于尝试的孩子，在面对压力时能够自我克服；一个有管理金钱能力的孩子，不会坐吃山空；一个有创造力的孩子，经常有突破性的成果。

只要父母愿意相信孩子，培养孩子上述六大能力，将来孩子就具有主动探究事物的能力，并且愿意坚持下去，在人生中找到最适合的舞台——这正是父母最希望的事，不是吗？

让孩子主动想要，比强迫安排更重要，而主动想要的动力，就在父母的爱与六大能力中喔！

Part 7　培养孩子的创造能力

Part 8　培养孩子独立的能力

Q&A　这些情况怎么办?

Part 1
先爱自己，才能为孩子启发动力

当了父母之后，你是否发现，与孩子的互动中，似乎有着自己小时候和父母相处时的影子？

孩子，正如一面镜子，真实地反射出你身上发生过的种种遭遇。

你对孩子的要求不满，可能正是你对自己的要求不满，最早则来自于你被父母的相同对待。或许，过去你没有得到足够的爱，让你得从各种追求完美的方式中找到定位，并且忘了如何爱自己。

从现在开始，你将可以从与孩子的相处中，学习如何爱自己。一对真正懂得如何爱自己的父母，正是孩子最需要的动力助燃物！

孩子的问题，就是你的心结

试着回头想想，为什么这么无法接纳孩子的行为？然后，慢慢地给孩子一些空间，不再是看不惯就开骂。你将会发现，自己的内心，对于这些看不惯的部分，多出了一些柔软、理解和体谅，亲子关系也更靠近了。

莉莎是一位老师，在班上，她可以忍受学生吵闹，可以谅解学生成绩没有达到她的预期，唯独不能忍受学生"懒"，只要看到学生动作不够迅速，排队慢慢排、清洁没有落实，或是作业没有完成，莉莎就会如火山爆发般骂学生"很懒"、"懒鬼"、"懒到不行"，有些学生受不了莉莎的辱骂，还会当场哭出来。

在家中，莉莎也是如此，看到孩子慢慢地收玩具、慢条斯理地做家事、功课写得慢，她都会冒出一股无名火。有一次，莉莎的孩子在假日时睡到八点，莉莎叫了孩子两次，孩子依旧赖床，令莉莎怒火中烧。冷不防地，她冲到孩子身旁，又打又骂地说："你是猪啊，这么懒"，造成母女双方的冲突与不愉快，孩子甚至呛声说："我就是懒啊！怎样？"

你最受不了孩子哪一点？

试着想想看，孩子在生活中的各种行为，最令你无法忍受的是什么？是动作拖拖拉拉、不够礼貌、不认真、不上进？还是好吃懒做、不细心、不体谅别人……

其实，父母在教养中感到最头痛的问题，往往也正是自己曾经有过"心结"的地方。

怎么说呢？

我有一位朋友，平日情绪稳定，是同事眼中的好上司。某次开会时，一位与会人员忘了关手机闹钟，会议进行到一半时，铃声大作，朋友突然变脸，对这位与会人员说话变得很不客气，跟平日大相径庭。

朋友告诉我，他在小学的时候，曾经被父母的吵架声吵醒，结果，就在父母吵得十分激烈时，起床的尖锐闹铃声响起，让他顿时觉得全身不舒服。此后，他对闹铃声变得超级敏感，只要听到闹铃声，情绪就会变得焦躁起来。

曾经被闹铃吓到的友人，不但在成长阶段讨厌闹铃声，就连活到三四十岁，依然如此，何况是在你我小时候被父母骂过之后，就对于儿时的挨骂事件难以忘怀？

别让"受不了"，成为亲子关系的地雷

以莉莎来说，她在小的时候，曾经因为贪玩，拖延了洗碗的时间，结果被妈妈骂"懒鬼"，还被罚跪、挨板子，让她对"懒"这个字特别敏感，所以在自己有了小孩之后，也不自觉地把"懒"视为眼中刺，只要孩子稍有拖延，就被莉莎一顿臭骂。

但孩子真的是懒吗？其实不一定。

只是，在莉莎的心中，对"懒"这个字特别敏感，看不惯任何的延迟，只要学生或孩子没做到迅速、勤快，就会觉得十分焦躁、不满，于是开骂。这种受不了所衍生而来的负面语言和行为，进而成了亲子关系的地雷。

那么，你最看不惯孩子什么呢？

试着回头想想，为什么这么无法接纳孩子的这个部分？然后，慢慢地给孩子一些空间，不再是看不惯就开骂。于是，你将会发现，自己的内心，对于这些看不惯的部分，多出了一些柔软、理解和体谅。

原本内心被各种不满所占据的空间，将重新收获甜美的果实。你与自己、与孩子，甚至与旁人的关系，都会更加接近与良好。

小羽妈妈的笔记

与自己和解

一份调查指出，在孩子最讨厌父母说的话当中，其中一句就是："快点去做！"

看到这句话，你是否也了然于心？这不就是我们的父母最常说的话吗？

正因为你最看不惯孩子的地方，很可能就是你的心结，所以，请想想你是怎么样的父母。

喜欢批评孩子的父母，是因为从小在批评中长大；

喜欢恐吓孩子的父母，是因为从小在恐吓中长大；

喜欢打骂孩子的父母，是因为从小在打骂中长大……

小时候发生的种种，都是过去的事情了，现在，你需要开始学习爱自己，再也不必为了证明什么，让自己继续走好人生的路。

当你与自己和解时，与孩子的关系，也就快速地拉近了！

对这位与会人员说话变得很不客气,跟平日大相径庭。

朋友告诉我,他在小学的时候,曾经被父母的吵架声吵醒,结果,就在父母吵得十分激烈时,起床的尖锐闹铃声响起,让他顿时觉得全身不舒服。此后,他对闹铃声变得超级敏感,只要听到闹铃声,情绪就会变得焦躁起来。

曾经被闹铃吓到的友人,不但在成长阶段讨厌闹铃声,就连活到三四十岁,依然如此,何况是在你我小时候被父母骂过之后,就对于儿时的挨骂事件难以忘怀?

别让"受不了",成为亲子关系的地雷

以莉莎来说,她在小的时候,曾经因为贪玩,拖延了洗碗的时间,结果被妈妈骂"懒鬼",还被罚跪、挨板子,让她对"懒"这个字特别敏感,所以在自己有了小孩之后,也不自觉地把"懒"视为眼中刺,只要孩子稍有拖延,就被莉莎一顿臭骂。

但孩子真的是懒吗?其实不一定。

只是,在莉莎的心中,对"懒"这个字特别敏感,看不惯任何的延迟,只要学生或孩子没做到迅速、勤快,就会觉得十分焦躁、不满,于是开骂。这种受不了所衍生而来的负面语言和行为,进而成了亲子关系的地雷。

那么,你最看不惯孩子什么呢?

试着回头想想,为什么这么无法接纳孩子的这个部分?然后,慢慢地给孩子一些空间,不再是看不惯就开骂。于是,你将会发现,自己的内心,对于这些看不惯的部分,多出了一些柔软、理解和体谅。

原本内心被各种不满所占据的空间,将重新收获甜美的果实。你与自己、与孩子,甚至与旁人的关系,都会更加接近与良好。

小羽
妈妈的笔记

与自己和解

一份调查指出，在孩子最讨厌父母说的话当中，其中一句就是："快点去做！"

看到这句话，你是否也了然于心？这不就是我们的父母最常说的话吗？

正因为你最看不惯孩子的地方，很可能就是你的心结，所以，请想想你是怎么样的父母。

喜欢批评孩子的父母，是因为从小在批评中长大；

喜欢恐吓孩子的父母，是因为从小在恐吓中长大；

喜欢打骂孩子的父母，是因为从小在打骂中长大……

小时候发生的种种，都是过去的事情了，现在，你需要开始学习爱自己，再也不必为了证明什么，让自己继续走好人生的路。

当你与自己和解时，与孩子的关系，也就快速地拉近了！

妈妈真的不必当超人！

在有了孩子后，再疲累你都觉得没关系，就是要成为一个超人妈妈；你所做的都是对先生好、对孩子好，就是没有对自己好。该是你对自己好的时候了！因为，唯有爱自己，才有更多的力气爱孩子！

在公司忙了一整天，身心疲惫的玉婷下班回家后，依然冲进厨房张罗晚餐。

以最快的速度将晚餐放上桌，玉婷喊着"开饭了"，却见到十岁的女儿和八岁的儿子直盯着电视看，完全没有离开客厅的意思，叫了两三次后，孩子依然巍然不动，玉婷心中的一把火也油然而生。

她走到客厅，恶狠狠地将电视关掉，又拿起扫把打骂小孩，姐弟俩被玉婷突如其来的发飙吓到，边哭边跑到餐桌，如惊弓鸟儿般、默不吭声地夹着菜。

然而，玉婷已经完全没有食欲，一方面觉得自己教育失败，一方面又为自己的情绪失控对孩子们感到愧疚……

其实你可以不必那么累

在现代社会，类似玉婷这样，要兼顾事业，又要照顾孩子的职业妇女还真不少，尤其另一半经常不在家时，身为妈妈，更要一人分饰两角，不论是家庭主妇或职业妇女，都会忙得团团转。

然而，许多妈妈为了要当个称职的妈妈，经常会过度使用自己的精神和体力，明明白天已经被孩子的活力搞到自己没力；明明下班后已经累到想立刻趴在沙发上，心中那股"好妈妈"的声音却又驱使着自己洗手做羹汤，接着还要看孩子的作业，跟孩子聊聊天，做家事……等到可以上床时，已经超过十二点。

日复一日，当疲惫的身心再也无法负荷时，即使是孩子一点点的"不听话"，也能成为引爆怒火的"最后一根稻草"。

请问，你为什么要这么生气呢？

是不是觉得自己这么牺牲、对孩子这么好，孩子却不领情，甚至把你的话当耳边风？如果是，为什么你要这么牺牲呢？

仔细思考，就会发现，这是传统社会文化中，对于"妈妈"这个角色所赋予的模子，认为"妈妈"就是要付出、要教养子女、要操持家事——即使是"蜡烛两头烧"的职业妇女也被视为理所当然，结果，职业妇女的生活全部都被事业和家庭占满，没有时间做自己想做的事，也没有可以自由呼吸的空间。

所以，一旦最关注的重心——小孩不听话或不顺从时，或是觉得付出没有得到"回报"时，那种为孩子牺牲掉自我的委屈和不满也就涌上心头，情绪失控当然也就会跟着上演。

试着脱下女强人的外衣吧！向老公和孩子示弱，让他们知道，你也不过是个能力有限的普通人，适时让他们明白你累了，把一些事情分出去，而不是嘴巴不断叨念，却又在念完后自己马上把事情解决了。偶尔让家人体会一下，这些事情都不是理所当然应该由妈妈来做的。

在家庭之外，也要找到生活重心

一位家庭主妇提到，自己平日在做任何行动时，都以十岁的孩子为先：孩子想吃牛排？好，带着孩子到西餐厅，两人共点一份牛排餐，自己只吃一点点。孩子想买书？好，即使自己也有很想看的书，但是预算都用来买孩子的书。孩子的同学要来家中玩？好，即使自己假日想得空休息，还是一早就起来张罗零食、冷饮，把家里重新整理一番。

没想到，当她教训孩子不够懂事、写功课拖拖拉拉时，孩子却说"你很烦耶！"当下，让这位妈妈觉得自己的付出都白费了，伤心不已。

我住的地区，有很多的"阿妈"，这些"阿妈"们经常会聚在一起聊天，内容不外乎"老公"、"儿子"、"媳妇"、"孙子"。有一次走过她们身边时，听到一位阿妈率先发难，抱怨她的儿子被媳妇带坏了："我煮了一堆菜都不吃，真是讨债……"接着，其他的阿妈也纷纷表示自己是如何为儿子、媳妇着想，却"好心被雷亲"。

阿妈的年代，是最传统的年代，她们没有外出工作，重心都放在家庭孩子身上，即使孩子成家立业，阿妈的话题还是围绕在儿子身上，没有自己生活的重心，如果一辈子都是如此，是不是很遗憾呢？

不论是家庭主妇或职业妇女，你，都可以对自己好一点，完全牺牲所换来的，不一定就是你想要的，到时不但自己不高兴，说不定连孩子都嫌你烦，多划不来啊！

小羽妈妈的笔记

该是对自己好的时候了

请回头想想小时候,你的父母是不是也常常告诉你:要懂事、要多为人着想? 即使是放弃自己想要的。

然后,你开始成为一位把东西"让"给别人的人;你也从"知道自己想要什么"的人,渐渐地成为一个"成全别人"的人?

在有了孩子后,也是同样的模式,再疲累你都觉得没关系,就是要成为一个超人妈妈? 你所做的都是对先生好、对孩子好,就是没有对自己好。

现在,该是你对自己好的时候了,因为,唯有爱自己,你才有更多的力气爱孩子!

*偶尔吃外面没关系,不一定要常常亲自下厨。

*如果你累了,告诉孩子吧! 孩子的反应或许会是另一个珍奇礼物。

*试着一星期挪出一小段时间给自己,在这段时间内,做你想做的事。

*如果有人力可以支持,偶尔跟家人请个假,到一个你想去的地方,一时想不到去哪儿时,漫无目的地走着,让大脑心情放松也很好。

*许久没为自己买东西了吗? 逛逛街,买些喜欢的东西、衣饰吧!

放下高标准,放过自己和小孩吧!

或许,你从小就被期待要更好,也很少听到父母的赞美声,但现在是你重新接受自己的时候了,赞美自己,以欣赏的眼光看待自己。然后,你将会发现,你和孩子原来都是这么的棒。

小学五年级的琳琳,从幼儿园开始,无论是注音、英文、跑步、画画、钢琴、跳舞无一不好,更棒的是,除了学术科表现亮眼外,她对同学热心、对老师贴心,日常生活也十分自律,跟同龄小孩相比,各项发展仿佛超龄的大姐姐。

但在琳琳沉稳的外表下,老师总觉得她的心中,似乎隐藏了一些心事,一次月考后,数学九十七分的琳琳告诉班上的爱心妈妈:"我不敢回家",追问之后,琳琳终于道出她的心事。

原来,琳琳从小就被父母要求什么事都要做到最好,除了日常生活的自我要求外,只要学了才艺,就要努力的练,力求表现最优,如果考试有错,即使成绩已经是班上最高,父母还是会责骂她,让琳琳的压力非常的大,即使考了九十七分的高分,还是不敢回家。

你是"高标准父母"吗?

琳琳的父母,就是大家所称的"高标准父母"。

以高标准要求孩子的父母,通常不太会赞美孩子的优点,而是希望孩子"好,还要更好"。即使孩子的表现突出,父母也不一定看得到,倒是会告诉孩子"你这边可以再改进、那里可以再更好"。

在这样的情况下,孩子会出现两种情形,一种是像琳琳这样,拼命督促自己达到父母的标准;一种是相反,做不到就干脆连原有的都放弃。

无论是哪一种情形,对孩子都会造成心灵上的伤害。

你是"高标准父母"吗?

每当我问父母们这个问题时，得到的回答通常是NO！很多父母在讲到孩子的表现时，甚至会气冲冲地说："我的标准已经算低了，孩子竟然做不到！"就连我自己，在面对孩子的表现时（通常都是日常生活上的），偶尔也会在心中思索"这么容易的事，怎么会做不到"？

后来转念一想，所谓的标准，是从哪儿来的呢？

说穿了，我们心中建立的标准，通常也就是我们对孩子的期待，当我们对孩子的期待愈高时，标准也就愈高。

这样的期待，又是从哪里来的呢？

让孩子从进步中找到动力

如果，你发现自己对孩子的表现总是很少说出"真棒"，或总是习惯告诉孩子"还可以更好"；如果，当你看见孩子在得不到你的赞美，脸上出现落寞的表情时，请想一想，这样的场景是不是也发生在小时候的你身上。

那个幼小的你，是否曾经在尽最大的努力写字后，得到的却是父母的一句"写得这么丑"、"擦掉重写"？

是否当你很得意地完成一幅作品时，父母却什么都没说，甚至告诉你"用色不对"、"看不懂你在画什么"？

于是，你为了达到父母的期望，一次又一次地要求自己要做到最好。而因为你对自己是如此的严格，也不自觉地，将这样的期望灌输在孩子身上。

每一个孩子，都有自己的资质，如果真的要订标准，请以孩子真正的能力来设定目标，让孩子有达成目标的动力，同时，对孩子的努力也要适当的赞美，如此，孩子才会在进步中找到动力，如果只是以自己的期待来看孩子，那么即使是你认为很低的标准，对孩子而言，并不一定就是低标喔！

小羽妈妈的笔记

检视自己的标准

现在,请回过头来看看,你是怎么对待自己的:

*无论什么事,你总是要求自己做得又快又好?

*答应别人的事,如果没有做好,会在心中责怪自己或出现愧疚感?

*没有达到自己期待的目标时,心中会出现罪恶感?

*对于自己的要求总是多于欣赏?

*希望自己第一,包括第一个完成某件事情?

*朋友都说你是一个很严谨的人?

*教育孩子时,也要让自己成为百分百父母,总是经常注意孩子的言行举止,一有任何不妥之处,就立刻矫正,即使是不会影响大局的细微小事?

适当的自我要求是合理的,过去的你,或许从小就被期待要更好,也很少听到父母的赞美声,现在,是你该重新接受自己的时候了,当你做了某件事情时,请赞美自己,以欣赏的眼光看待自己。

然后,你将会发现,你和孩子原来都是这么的棒,只是过去你从来没有用欣赏的角度来看待而已,幸好从现在开始,还不嫌晚。

对孩子的强烈控制欲，来自你的不安全感

小时候的你没有被当成独立个体对待，现在，你有机会改变这样的教育模式了。你可以开始找回爱自己的感觉，多将注意力放在自己身上，选择你所喜欢的……

十六岁的小晴在暑假期间与妈妈发生冲突后离家出走，从小晴的姐姐口中得知，小晴到中部找同学，安全上没有问题，但要她回家有一个条件，那就是妈妈不能再管她。

小晴的妈妈听了，觉得既生气又难过，因为在两个女儿当中，她对小晴比较偏心，从小让她上贵族幼儿园、跟外国老师学英文，还让她学各种才艺，小晴也因此才能在各项比赛中崭露头角，考上高中前三志愿，没想到还没升上高二，就学会离家出走。

"真是白疼她了，要不是我都替她想，帮她安排，她会考得这么好吗？"小晴的妈妈碎碎念个不停。

但是，在小晴的姐姐眼中，倒是十分支持妹妹，因为妈妈的控制欲实在太强了，从小，只要她和妹妹没有照妈妈的话去做，妈妈就会哭着说"养孩子有什么用"之类的话，让她们觉得自己不孝顺，即使不想也勉强自己顺从妈妈的想法，但后来妈妈什么都要管，她们都快成年了，却连买鞋子这类小事，也要穿妈妈选的才行。

正视孩子的心声

亲爱的爸爸妈妈们，你的孩子曾经不止一次抱怨："你怎么那么爱管"、"不要再管了啦"吗？当孩子这样说的时候，你会怎么做？

是立刻告诉孩子："我是为你好。"

或是气冲冲地说："你竟然敢这样跟我说话？"

请正视孩子的心声吧！我们都经历过被管的时候，不是吗？想想在被管的最初，其实是可以忍受的，但是，当被管的事情愈来愈多、愈来愈广、愈来愈深时，你真的受得了吗？

说真的，你我都会受不了，只是表达的方式不同。

有的人会因为"孝道"，即使不想照着父母的意见做，也将不满往心里吞，被管久了之后，变成什么事都按照父母的想法执行，最后失去了自我。

有的人会跟父母说出"受不了了"、"别再管了"的真心话，如果父母无法正视孩子的心声，或是依然拿出"高高在上"、"眼泪攻势"，用"这是爱"、"都是为你好"等来让孩子屈服，那么孩子一样找不到自己要的方向。

控制欲，不等于关心

无论是基于想要保障孩子的生活、担心孩子的安全、忧虑孩子的未来，或是不自觉地想要与孩子黏在一起的控制欲，源头都来自于没有安全感。

正因为没有安全感，当遇到"想抓住"的人时，会希望对方听你的话，照着你的想法去做，尤其是面对必须依赖父母长大的孩子时，父母的控制欲常常会和关心混为一谈。

控制欲强的父母最常出现的行为模式有：

*用命令的、直接的、强势的方式表达。如：给我把电视关掉、把饭吃掉、你给我回房间去。

*干涉孩子的选择。生活中几乎大小事都要干涉孩子，像是发型、服装、兴趣等，即使是无关对错、重要的事情，都要孩子选择你所想的。

*会说一些贬低孩子的话。如："你做不到的"、"你还不够格"、"你真的以为你行吗？"

*会用"漠视"的方式来逼孩子听你的话。如：与孩子冷战、故意不理会

孩子、不看孩子。

　　*以"自怜"的方式来引起孩子的罪恶感。如:"我怎么这么命苦,生的孩子这么不听话"、"我身体不好,你要听我的话"。

　　*扣上爱的大帽子。如:"我都是为了你"、"我是爱你才这么做"、"你以后就会知道我对你的好"。

　　*使用"愤怒的、嫉妒的抱怨"。如:"长大了,翅膀就硬了"、"有老婆,就不要老妈了"。

　　相较于西方,东方父母的控制欲似乎来得更强,许多受不了父母控制的孩子长大后,就会选择远离父母,不然就是按照父母想要的方式生活,放弃自己真正想选择的人生。无论是哪一种方式,当自己也为人父母后,如果没有察觉控制欲从何而来,很可能会用类似的模式与下一代相处。

　　如果,你也经常被孩子抱怨"管太多"、"没有自由",不妨扪心想想,孩子的选择,真的有那么糟糕吗? 还是因为,你就是要孩子照着你的方式做?

小羽 妈妈的笔记

选择你自己所喜欢的

或许，在你小的时候，经历了太多被贬低、被控制、无法选择的经验，甚至不能捍卫自己的最爱，让你失去自信，失去安全感。于是，现在的你希望什么都要在最安全、最完美的情况下进行，包括教养孩子。

然而，每一个孩子，都和你一样是独立的个体，都需要被尊重、被谅解、被爱和被关注，小时候的你没有被当成独立个体对待，现在，你有机会改变这样的教育模式了。

你可以开始找回爱自己的感觉，多将注意力放在自己身上。当在做选择时，开始选择自己喜欢的，而不是父母过去要你选择的；当孩子和你想选择的不同时，正是观察自己最好的时候，问自己："为什么我要孩子这样选择？"从小事情开始尊重孩子的决定，然后你将会发现，你与孩子的关系，正在往正向的路上改变。

别让无形的枷锁，破坏了你的家庭生活

试着重新与另一半讨论，在时间的规划上，给彼此一个只属于自己的时间。当夫妻双方都对自己的生活感到满意时，孩子也不易成为出气筒，并且更能感受到家庭气氛的美好。

一岁半的安安，学习力超强，"个人意识"也提早出现。

安安的父母——小芳和阿雄都是上班族，但在安安出生前，两人就将义务和责任划分好：孩子和家事归小芳处理，阿雄负责家中主要经济开销。

于是，从早上开始，小芳就得面临许多挑战，光是把安安叫醒，就要花上一番工夫，连哄带骗，还没睡饱的安安就是不肯起床。好不容易在哭声中起床，从衣服、裤子到袜子，很有"个人意识"的安安总是执着自己想穿的，偏偏安安想穿的，不是跟季节不合，就是十分不搭，于是，安安和小芳在房间中僵持不下。

这天，同样的情况又再次上演，急着到公司开会的阿雄要小芳赶快把孩子处理好，送到保姆家，而长期睡眠质量不佳，又遇到月事的小芳，对于阿雄命令式的语气十分不满，却不晓得如何跟阿雄讨论，看着在地上耍赖的安安，小芳终于忍不住了，她又骂又打地对着安安大吼："你不起来是不是？你再不起来，我就继续打！打到你起来为止。"

安安被小芳的行为吓倒了，先是一愣，停了数秒后，接着哭得更变本加厉。

看着依然哭闹不已的安安，小芳真感到欲哭无泪，她无奈地问自己："当初真不知为什么要结婚、生小孩？"

过重的责任，让你把气发在孩子身上

类似的情形，你是否也觉得很熟悉呢？

因为家庭结构的改变，下班后，必须自己带小孩的"双薪族"愈来愈多。

虽然每一对夫妻对于家庭经济开销的分担方式不同，但对于许多没有长辈帮忙带孩子的夫妻来说，女性最大的压力，来自于"工作+照顾小孩+家事"，男性最大的压力，则来自于"经济"。

以故事中的小芳来说，婚前的她，每星期大约有三天的晚上，会与同事朋友们吃晚饭、逛街、唱歌、享受 SPA。婚后一年，安安的诞生，让小芳的生活开始变得忙碌又紧张：一早得赶着把安安带到保姆家，下班后要立刻去接，半夜总是要起床喂两次奶，加上初为人母，对于婴儿的各种反应不甚了解，生完小孩不到两个月，小芳发现自己开始怀念起没有小孩时的两人生活。

至于小芳的先生阿雄，虽然不必做家事、带小孩，却背负了"家中经济"的重责大任，保姆费、房贷费、各式费用，让他觉得自己辛苦赚的钱，几乎完全存不下来，也开始反问自己："当男人，怎么会这么沉重？"

因此，当安安逐渐长大，开始有个人意识、有自己的想法；开始会用哭闹、耍赖来表达自己的情绪时，小芳和阿雄过去对于彼此隐忍的不满和抱怨，也愈来愈浮上台面，不论大事小事，从孩子的教育方式到晚上吃什么……一有意见上的不同，两人就很容易擦枪走火，起口角、吵架，或是对安安叫骂。

事实上，有了小孩后，时间上的分配与精神、体力上的支出，和没有小孩的生活的确大不相同。尤其在没有长辈的帮忙下，白天要工作，下班后要带小孩，对于大多数人来说，几乎没有自己的时间可言。

长期精神与体力的疲惫，教养孩子的拿捏，甚至"金钱"上的支出，都可能造成小两口的冲突，夫妻之间的感情也可能会因此产生裂隙，然后影响到孩子。就像小芳，心中早就对阿雄不带孩子、不做家事感到生气，却因为是当初划分好的"责任范围"，不得不做，终于导致她将对先生的不满发泄到安安身上。

　　而阿雄，则是因为背了太多的"经济"责任，感到喘不过气，当他觉得孩子吵闹时，就通过"怪小芳没有把孩子教好"的方式来宣泄压力。

　　此时，唯有松绑这看不见的枷锁，才能让家庭的气氛不再如此的紧张。

松开枷锁喘口气，路才走得远

　　我们多数人从小就被教导要负责任、承担义务，男人要负责家中经济重任，女人要负责家事和小孩，加上父母也是这样子走过来的，无形中，这些各自被划分的"责任、义务"，也成为看不见的枷锁。

　　就是这道看不见的枷锁，让许多父母们的脸上总是充满着严肃、疲惫、忧虑、恐惧、愤怒等表情。

　　负责任、尽义务当然不是错误的，问题在于"划分得太清楚"。

　　因为社会、长辈对于父母角色划分得太清楚，在家中也失去了让夫妻互相学习"分工合作"的机会，当长期做着某一件不得不做，做累了也没人帮忙的事情时，当然也就无法快乐起来，更无法"打从内心"感受拥有孩子、家庭的美好。

　　如果你想解开这道看不见的枷锁，首先，请诚实地面对自己：你真的不喜欢现在的"责任"吗？还是希望有人可以一起分担这份责任呢？当你对孩子吼叫打骂时，是真的受不了孩子？还是受不了自己或另一半或其他人？

　　"解铃还须系铃人"，松开枷锁的钥匙，就在你身上。

　　你，愿意将钥匙拿出来吗？

小羽妈妈的笔记

你,累了吗?

小时候,父母或许告诉你:"男人要会赚大钱,女人要会做家事"。

现在你有了自己的家庭,在这个家庭中,没有人规定你一定只能做某些事,负某些责任。

是不是可以试着重新与另一半讨论,共同分担所有的事情? 在时间的规划上,也可以视孩子的成长状况,给彼此一个属于自己的时间。

比如,在星期一到星期五之间,拨出一天"自行日",这一天由另一半接送小孩,当天下班后,你不必急着回家,可以安排做自己想做的事情;同样,也让另一半有一天的"自行日"。互相包容,让彼此都有机会到家庭以外的空间,喘口气。

对了,即使是全职的家庭主妇或主夫,也别忘了给自己喘口气的时间喔!

当夫妻双方都对自己的生活感到满意时,孩子也不易成为出气筒,全家都更能感受到家庭气氛的美好。

Part 2
爱，是最好的燃料

教养孩子跟指导机器人是不同的，有生命的孩子，最需要的是爱。

只有感受到自己被爱的孩子，才有能量在生活中展现主动性，更因为小的时候已经被满满的爱给灌饱了，在未来的人生之中，才会有足够的力量靠自己前进。

我们可以从日常生活的小细节之中，对孩子传达我们的关爱。当孩子感受到爱的时候，一切都不是问题，更别说是培养各种能力。

你的眼神，造就孩子的心神

"警告"的眼神，让孩子的心神放在"可不可以做"，随时担心做错事；"不屑"的眼神，让孩子感受到"我不好"的讯息；"支持"的眼神，让孩子相信"我做得到"……

假日的早餐店，挤满了晚起的父母与孩子，电视上播放着卡通集，大人小孩莫不专注地盯着屏幕、放慢嘴巴的动作，完全是"看电视配早餐"。

就在孩子们的笑声中，突然出现一阵尖锐的谩骂声音："看什么看，净看这些没营养、没水平的东西！快点吃！"顿时，全场鸦雀无声，大家纷纷转向声音的来源处，想知道是怎么一回事。

只见角落坐了一个妈妈和两个小男孩，妈妈一边看着报纸，一边皱着紧到不能再紧的眉头，两个小孩则是低头不语，乖乖地吃着早餐。

但是，卡通的配音实在太诱人，其中一个小男孩听着听着终于忍不住，正想将头抬起，就被妈妈以一个犀利的眼神给瞪回，只好继续吃早餐。

有句话说"一战成名"，对我来说，这位妈妈则是"一骂记形"，不知为什么，她的长相我记得十分清楚，后来，我陆续又在早餐店遇见她带着两个儿子。

前两次，同样是坐下来没多久就开骂，最后一次，才刚坐下，妈妈就看了大儿子一眼，仿佛心电感应似的，大儿子立刻到书架拿了一本故事书来看。

这让我想起，有一次，与几位家长聊起父母经时，一位爸爸很得意地说："我什么话都不必说，只要瞪女儿一眼，她就怕了，乖乖地不敢说话。"

眼神，是和孩子沟通的桥梁

亲爱的爸爸妈妈们，你，瞪过孩子吗？

相信在你我成长的过程中，甚至现在，多少都会经历到被人瞪的时候。

虽然都是"瞪"，从眼神中，被瞪的人，就可以感受到对方想表达的情绪，如不满、愤怒、轻蔑……以父母而言，在"瞪"孩子时，最容易出现的意思则是"警告"。不需多说，只需要一个瞪眼，孩子就会知道"爸妈生气了"、"我不应该做这件事"、"再不停止就惨了"。

你是否想过，一个连一秒钟都不到的瞪眼动作，就能让孩子有这么深的感受，为什么？

因为，眼神，是沟通的桥梁。

想想，与陌生人初见面时，对方一个善意的眼神，都会很快地让人卸下心中的紧张和不安，更何况对于日夜与父母相处的孩子来说，眼神是多么的重要了。

你是否记得，当护士将呱呱落地的小婴儿抱到你手上时，你是用什么样的温柔眼神看孩子——即使那时孩子根本还没张眼？

然后，当小婴儿逐渐长大，他会爬、会走、会叫、会跑，开始有自己的想法时，你是用什么样的眼神看他呢？

是赞赏、惊喜？还是警告、生气？曾几何时，否定的、烦躁的眼神替代了正面的、鼓励的眼神？最后，连爱的眼神也愈来愈少？

你有多久，没用爱的眼神看孩子？

有句广告词说"我是当了妈妈之后，才知道妈妈要怎么当"。我也是如此。

即使在生产前，看了很多养育孩童的书籍，也曾经是"老大照书养"一族，后来我发现，"照书养"较适用于 DIY 食谱类，至于教育、互动方面，则有赖于看完书之后，自己吸收、整合后活用，毕竟每个孩子的特性都不同，每对父母的状况也不同，很难完全照做。

尤其是孩子十分有自己的主见时，更是如此。

每个孩子，都有天生的气质及个性，我的大女儿，从出生第一次喝奶开始，就展现出她急性子的一面：左嗅右找吸不到，没几秒就气得大哭；每日睡前必哭四十分钟才入睡；大了一些之后，只要不如她意，就在地上哭翻、耍赖四十分钟以上（现在想想，其实是我们大人想要她按照我们的期望做），让新手妈妈的我，内心有一种"叫天天不灵，叫地地不应"的超级无奈感。

在大女儿三岁的时候，妹妹出生了，大女儿过去那必赖四十分钟的习惯，也在爸爸的处罚下，渐渐收敛，但是，天生的"不服输"性格依然存在，虽然不在地上滚着哭，却会用"不说话"来表示她对爸爸的不满。

有一天，我与大女儿的想法不同，从温柔劝说、好说歹说，到板着脸说，女儿还是不买账，气到顶点之余，一向不打小孩的我，竟伸手"啪"地打了女儿好多下。

然后，我看到了女儿的眼神——那是一种生气、失望与伤心的眼神，仿佛在说着："妈妈，爸爸罚我我认了，可是，为什么连你也不懂我？"

女儿幽怨的眼神，摄入了我的心房，突然间，我回想刚才打女儿时，看待她的眼神，不也是生气、失望吗？

这一天晚上，我左思右想，问自己："多久没有用爱的眼神看待大女儿了？"尤其是妹妹出生后，时间变得更紧凑，似乎只要大女儿"不乖"，就被我和先生用警告、生气、不耐烦的眼神对待，难怪她也有这样的眼神。

于是，我告诉自己："明天开始，要找回过去那个'爱'的眼神才行！"

第二天，当大女儿因故生气的来"回敬"我时，我立刻用爱的眼神看着她、对她说话。

神奇的事发生了。

她不再像过去那样"气爆"，取而代之的，是仿如天使般温和的回应。甚至，我可以感受到她心中有一股"雀跃的心跳声"。而我，更是惊讶不已——没想到，爱的眼神力量竟然这么的大！

此后，我总是提醒自己，再怎么累，也要用爱的眼神看孩子。

同时，我也开始注意父母们会用什么样的眼神看孩子。

爱的眼神，启发孩子的动力

我发现，经常用"警告"眼神看孩子的父母，孩子的心神都放在"可不可以做"，如同"惊弓之鸟"，随时担心做错事。

经常用"不屑"眼神看孩子的父母，孩子的心神就会透露出"我不好"的暗示，进而凡事自我贬低、变得内向。

经常用"批评"眼神看孩子的父母，孩子的心神就会聚焦在"我这样做，会不会被批评"上面。

经常用"支持"眼神看孩子的父母，孩子的心神就会是"我做得到"。

而经常用"爱"的眼神看孩子的父母，孩子的心神则会是"安全"。

一个眼神的时间不到一秒，对孩子的影响却非常的大，孩子的未来，与父母有着极大的关系，当孩子长期接收到父母"爱的眼神"时，对自己将更有信心，学习事物时也会保持一定的好奇心与动力喔！

给孩子"专属的"时刻

请给孩子一个专属的时刻，在这段时间里面，好好地倾听孩子说什么，并给孩子表达的机会，会让孩子感受到自己被重视，而这种被重视的感受，正是一个孩子建立起主动性的基础。

几乎没有一个小孩不喜欢听睡前故事。

听故事，除了可以满足孩子喜欢天马行空的小小心灵，爸爸妈妈放下平时严肃的脸孔、催赶的叫声……和孩子靠近，并且用温柔的声音说着故事，对孩子来说更是难得的经验，是亲子贴近彼此的最好时光。

即使孩子大了，睡前的那一段时光，仍然可以从说故事变成谈心事。关键就在于，你有没有给孩子"专属的"时刻。

谈话，是沟通最重要的媒介之一。关于说话术的书，在市场上一直都很受到读者青睐，于是，大家都知道"说得好、说得巧"相当重要，但是还有一个更重要的前提是："肯说"。

你的孩子喜欢跟你说话吗？随着年龄的增加，你是不是觉得，与孩子之间谈论的话题似乎越来越少？你是不是担心，"代沟"出现在家中的时机，也许比中学时期来得更早？

想要孩子愿意在父母面前打开心扉，与父母毫无顾忌地畅所欲言，的确是需要刻意经营的。在谈话时，从硬件——环境的安排，到软件——你的声音、姿势、内容，都会影响到孩子选择要不要说？如何说？说什么？

用座椅的安排拉近距离

平日，就要在家中创造出一个适合家人谈心的环境，让孩子身处在这个环境的时候，很自然地就会"想要说话"。

在国外的电影中，偶尔会出现"心灵成长团体"的画面，画面中的成员，都是围成一个圆圈状，大家你一句、我一句地说出自己的经验与想法；有时候，心理医生在与主角交流时，座椅是非常舒适的，而不是一般医生看诊时的硬椅子。

心理学证实，围着圆桌坐时，可以拉近彼此之间的关系，最适合讨论；然而，假如想与对方更拉近关系，中间最好不要有桌子。这些方式可适用于师生、朋友或任何处于谈话状态的人们。

说话时的声音与姿势是关键

你有没有发现，当幼儿园老师与孩子说话时，通常会降低姿势，以坐着或蹲着的方式来与儿童交谈？

这是因为姿态的不同，会让孩子产生不同的心理感受。

当我们比对方高的时候，会不知不觉产生优越感。曾经有人以"为什么喜欢开吉普车"的问题来做调查，在受访者之中，有很多人的答案是"因为吉普车比房车还高，坐在吉普车上，可以看清所有的状况"。

从下往上看，则会让一个人感到受迫。为了不让孩子有被压迫的感觉，老师们在与孩子沟通时，会尽量使自己与孩子同高。

在家中，父母也可以如法炮制，假如是坐着，就没有身高的问题；假如是站着与孩子说话，不妨让自己矮一些，如此，孩子就可以不费力气地看到你。

因此，找一个最适当的谈话姿势，是身为爸妈的你必修的学分哟！

除了高度外，美国脱口秀名主持人欧普拉（Operah）也证实：假如希望提高听众对演讲者所说内容的理解度，慷慨大声的说话方式将不如稳定、持平的理性声音来得有效。

因此，在与孩子谈心时，别忘了同时将声音放得轻柔，让孩子在没有压力的情境下，娓娓道出心事。

选一个专属的时刻，听孩子说

在孩子小的时候，你是否被孩子要求过："妈妈，陪我一起睡觉好吗？"
"爸爸，我要听你说故事，躺下来嘛……"

是的，在孩子入睡之前的那一刻，会是他心情最放松的时候，当你躺在孩子的旁边，也许只是聊聊天，却有可能得到一整天下来累积而成的"最佳情报"！

即使睡前没有时间，那么，也可以选择一个专属的时刻，听孩子说话。

有一位朋友，经常忙到很晚才回家，但无论如何，只要不出差，他每天早上必定载孩子上学，利用短短几分钟的时间，听孩子说话。

专属于你与孩子的时刻，并不一定要很长，却是你们俩之间最无人打扰的时刻，每天持续这一段时光，你将发现，原来孩子有这么多的事情想说给你听！

无论孩子是幼儿园、小学，或中学、高中，甚至大学，从现在开始，请给孩子一个专属的时刻，在这段时间里面，好好地倾听孩子说什么，并给孩子表达的机会，会让孩子感受到自己被重视，而这种被重视的感受，正是一个孩子建立起主动性的基础。

孩子，将会因为被重视，启动与外界的互动，也因为被最爱的父母倾听，更勇于说出心中的话，追求想做的事。

相信孩子有话要说

一而再、再而三地被认为是顶嘴、强辩、死鸭子嘴硬，那么有一天，当孩子不再开口时，并不代表他觉得自己有错而在反省中，而是孩子已经不愿意再与你沟通了。

七岁的诚诚上小学才不到两个星期，妈妈就接到诚诚的同学——小裕妈妈的来电。

小裕的妈妈说，诚诚的座位在小裕后面，不是踢小裕的书包，就是拉扯小裕的衣服，害得小裕每天都要回家处理书包上的脚印，有时根本擦不掉。

听着听着，诚诚的妈妈脸上青一阵、白一阵，心中十分不是滋味。重视家教的她，从来没想到，诚诚在外面会这样欺负同学，让她觉得自己管教不佳。

挂掉电话后，诚诚的妈妈立刻对诚诚兴师问罪，诚诚告诉妈妈："因为小裕故意把椅子往后靠……"

"你还强辩！"妈妈认为，诚诚做错事不但不反省，还找借口，气到叫诚诚罚跪、面壁思过。

对于孩子的"有话要说"，父母经常会以"你还敢顶嘴"、"做错事还狡辩"、"找借口找理由"等话语来回应。

但，孩子真的如你所想的那样吗？

有一次晨光时间，我提早进班，在等待说故事前，班上发生了一件小插曲。事情的开头，要从小琪手上的新笔说起。

这支新笔，是小琪的爸爸送她的，一支笔管中，装了十几种颜色的笔芯，外壳很卡哇伊，十分吸引孩子们的目光，一早到班上，小琪就高分贝地向同学们炫耀她的笔。

不久后，小琪的座位上，出现了一阵争执声，原来是她与小芬僵持不下，两人的声音愈来愈大，一旁正在改着作业的老师见状，也上前关心。

小琪指着小芬说："她偷拿我的笔。"

小芬很生气地回应："我没有。"

"你说谎。"小琪说。

眼见两人又要吵得不可开交，老师说话了："小芬，你有没有拿小琪的笔？""我没有。"小芬坚决地摇头。

"那小芬，你有没有跟小琪借。"老师又问。

小芬点点头说："我有跟小琪借。"

"哪有，我没听到啊——"小琪说。

"小芬，你有听到小琪说要借给你吗？"老师引导小芬。

"她没说不要啊，所以，我想她答应了，正拿起笔的时候，小琪就说我偷拿。"小芬说。

听到这儿，老师点点头，告诉小芬："以后，你一定要听到对方说可以，才能拿走喔，不然很容易像今天这样被误会。"

后来，老师又要小芬跟小琪说对不起，小芬也立刻道歉，而小琪也真心地接受了小芬的道歉。

在现场的我，也学了一课。因为，或许换了别人，会认为小芬就是想偷拿小琪的笔，但老师并不是一股脑儿地直指小芬有问题，而是引导小芬说出当时的状况，及她心中的想法，再给予正确的指导，化解了两人的纠纷。

孩子，尤其是较小的孩子，并不像成人一样，了解种种事情的界限，而是需要经过大人的相信、引导后，学习正确的方法。

如果孩子是真的有话要说，却一而再、再而三地被父母认为是顶嘴、强辩、死鸭子嘴硬，那么有一天，当孩子不再开口时，并不代表他觉得自己有错而正在反省中，而是孩子已经不愿意再与父母沟通了。

所以，请相信孩子是真的有话要说，心平气和地听孩子说什么，不是只用耳朵听，而是用心听，站在孩子的立场来看事情，而不是急着否定孩子，这样孩子才会愿意说给你听喔！

认同孩子心中的感觉

或许我们难以了解孩子怕什么，但只要陪在孩子身边，等孩子大一点懂得表达时，自然就会知道孩子为什么害怕了，孩子也会因为父母的陪伴，更有安全感。

假日的海滩，放眼望去尽是人潮，玩水的、做沙堡的、冲浪的，十分热闹。突然，一阵孩子的哭声加尖叫声从斜前方传来。

"我不要——"一个年约三岁的小男孩，哭得满脸都是眼泪鼻涕。

"我们只要碰一下海水就好。"一位看似爸爸的男人，拉着小男孩说。

"不要、不要——"小男孩双脚用力地顶着地，就是不肯走。

"不行，你每次都这样，男生这么怕水怎么可以！"小男孩的爸爸看起来似乎吃了秤砣铁了心，一把将小男孩扛在肩上，硬是要往海边走。

记得我小的时候，就曾经在海边看过类似的场景，当时才小学的我想不通，为什么有人那么怕海？

直到我也遇到了一个怕海的小孩。这个小孩，就是我的小女儿。

第一次带小女儿到海边，是个万里无云的日子。大女儿早有与海接触的经验，自从知道下午要到海边玩，一早就很兴奋地准备了各式挖沙的工具，小女儿见状，也被姐姐传染了高兴的情绪，跟进跟出的，对海边充满了期待，令我不禁想："待会儿小女儿一定会跟姐姐玩得很愉快。"

没想到，真的到了海边，情况却与我想象的大相径庭。

车子停好后，妹妹在姐姐的带领下，提着玩沙工具，一马当先地往沙滩跑。突然间，妹妹却停下脚步，一转身，回头往我这边跑，口中还一直喊着："我不要去海边了，好可怕。"

妹妹不但要我抱她，还不让我继续往前走。

"海边很好玩耶,你看姐姐都在那儿挖沙子。"我指向前方不远处。

"我不要、我不要,我要回家,我怕怕。"妹妹抱着我不放,一发现我"偷偷地"往海边前进,立刻哭喊大叫。

约莫过了十分钟,终于与妹妹达成共识——母女俩坐在离海边约三十步距离的沙滩上,眼睁睁地看着姐姐和爸爸两人挖沙道,做沙堡。

往后数次到海边,情况依然差不了多少,每次问妹妹为什么怕海边,都得不到实质的回答,她只是摇头,一直到念小学后,才敢"与海水第一次接触",而且一接触就爱上了海边。

到了妹妹二年级的暑假,有一天聊到海,我又问妹妹:"你还记得小时候你很怕海吗?"

妹妹点点头。

"那你还记得原因吗?"我又问。

"记得啊!"妹妹接着说:"那时候我觉得海浪好大,比我还大,我很害怕会被冲走。"

听了妹妹的话,我终于恍然大悟,原来,在个子一点点高的两岁小孩眼中,海浪的确又高又大,加上有风的时候会带着飒飒的声音,也难怪有的孩子会怕海,怕被冲走。

可是,比海浪高的大人,如果从小没有害怕海的经验,是很难体会孩子怕海的心情,甚至出现强拉孩子下海,或是骂小孩没胆之类的行为。

当孩子对某件事物感到害怕,一定有大人无法感受的原因,孩子的身高与大人的身高不同,经验也不同,此时,请不要嘲笑孩子的害怕,或许,我们很难以同理心了解孩子怕什么,但只要陪在孩子身边,等孩子大一点懂得表达时,自然就会知道孩子为什么害怕了,孩子也会因为父母的陪伴,更有安全感喔!

爱,从欣赏开始

过去,你我的父母或许在看到了我们的优点后,仍然只将欣赏放在心底,所以我们也不晓得该如何欣赏、赞美。幸好有孩子,可以让我们重新学习如何欣赏、如何赞美——包括欣赏孩子、自己和别人。

一位女性走进A服饰店,试穿了一件红色的衣服,店员大力地夸赞:"很美,很好看。"

"会不会太红、太老气?"客户问。

"不会啊,红色什么年龄来穿,都很好看。"店员回答。

客户听了点点头,换回了原本的衣服后,表示还要再想想。店员看着客户走到隔壁的B服饰店,同样试穿红色的衣服,这次却很快地掏钱出来。

其实,A、B两家服饰店,是同一位老板开的,选的衣服款式也大同小异,A店员很好奇地问B店员,究竟用了什么方法,让客户那么快就购买?

"没什么。"B店员说:"我只是告诉她,你的皮肤白白嫩嫩的,穿上红色衣服看起来更靓丽、更有精神,她听了之后就决定购买。"

每个人,都希望能够遇到懂得欣赏自己的人,大人如此,孩子更是这样。

大人因为经过了岁月、人际、职场的洗礼,被欣赏、称赞时,可能还会谦虚地说"不敢当"、"还有进步的空间",不过小孩可不一样了,只要被欣赏、被称赞,孩子们脸上立刻露出如同花开般灿烂的笑容,让人看了,心情也跟着愉快起来。

亲爱的爸爸妈妈们,你欣赏孩子吗? 在欣赏孩子,看见孩子的优点时,你会不吝赞美,还是只将赞美放在心中,只为了不让孩子太得意,以免将来不懂得谦虚?

　　一位从国外回来的美术老师，提到这件事情时说："刚开始在台湾教美术时，对家长的反应还真的很不习惯，因为在美国，小孩不论画了什么，家长都会用一种欣赏的眼光来看待孩子的作品，台湾的父母则不同，即使孩子画得很好，父母还是会说'这边可以再加强'、'那边可以再调整'。"

　　美术老师的一段话，我听来一点儿都不觉得陌生，这不就和小时候我听到妈妈跟邻居聊天时的状况一样吗？比如对面姐姐弹得一手好琴，她的妈妈会说："哪里好？弹错一大堆呢？！"或是有谁数学考了一百分，父母却说："国语才八十分。"

　　或许是从小听太多这类的话，有一天去幼儿园接女儿，听到老师称赞女儿语言表达能力很强时，我的即刻反应竟然是"真的？！"两字（这也是一种"表示谦虚"的话）。

　　老师看我响应不大，以为我没听清楚她的话，又再一次加强说话的语气和描述，我却依然对老师点点头，要女儿跟老师说声谢谢后，就带着女儿回家了。

　　回到家后，看看女儿，似乎有一点闷闷不乐，再细想方才与老师的对话，我才发现，自己居然也变成了记忆中妈妈们的模样。

　　所幸"亡羊补牢，时候未晚"。趁着睡前的时间，我问女儿今天在幼儿园发生了哪些事？女儿一听，表情也瞬间从闷闷不乐转为兴奋小兔，开始滔滔不绝地讲着她在学校说故事给同学听的种种……

　　当然这一次，我没忘了欣赏孩子的优点，并赞美她："嗯，你在说故事时好有表情喔，难怪同学会一直安静的听，老师也这么称赞你。"

　　过去，你我的父母，或许在看到了我们的优点后，仍然只将欣赏放在心底，将赞美收在喉内，使得你我也不晓得该如何欣赏、赞美。但幸好有孩子，可以让我们重新学习如何欣赏、如何赞美——包括欣赏孩子、自己和别人。

欣赏,可以从日常生活中的事情开始——当孩子帮你倒了一杯水时,也可以欣赏孩子倒水时的专注神情;欣赏孩子稳住杯子,不让水溢出来的模样喔!

做孩子的心灵避风港

当情绪累积到一定的限度时，必须找个适当的发泄方式，而最直接又有效的办法，就是"笑"与"哭"。允许你的孩子想笑就笑、想哭就哭，那么，孩子的情绪才能得到平衡。

曾看过一个婴儿油的广告，是以按摩为主题，短短几秒的画面上演着：母亲在小婴儿的肚子上绕着圈圈，接着是女儿的手上沾着婴儿油，为老母亲的脚掌细心地按摩着；借由肢体动作所造成的信赖、安全感，无形中牵动着人内心深处的情感。

当我们仍是小婴儿的时候，父母的怀抱是最安全的避风港；再长大一点，"来，爸爸妈妈亲一个！"儿歌优美的旋律唱着："我们小手拉大手一同去郊游……"小至勾勾手指，大到拥抱等动作，这些都是属于实际上可以看到的有形交流。

那么，人类看不到的内心世界又该如何碰触呢？

给孩子心理上的慰藉

当情绪累积到一定的限度时，必须找个适当的发泄方式，而最直接又有效的办法，就是"笑"与"哭"。

在许多武侠剧中，都会有类似"一笑解千愁"的对白；托马斯·霍布斯（Thomas Hobbes）也说："笑是致胜的宝器"，当孩子忧愁、消极时，不妨让孩子大笑一场，只要孩子笑了，也就打开了内心的门窗。

无论看爆笑漫画、喜剧电影，或者笑话书都可以，不然，搔搔孩子的痒，也能让怕痒的孩子忍不住地笑出来。而这个方法，不只对小孩有效，大人们也可以试试喔！

相对地，各位爸爸妈妈们，又是如何看待"哭"这件事呢？

孩子心中何时会感到受伤，常常是父母无法预料到的，因此，平常父母就可以多看看亲子、心理辅导方面的书籍。当孩子哭哭啼啼地回家时，父母们至少会有个心理准备，知道以什么方式来与孩子谈心，解开孩子的心结。

一般来说，坊间的亲子书籍分为两种，一种是给正在学校中的学习者看的教育学，这类书籍大部分是以学术理论为主，对于急着要以招拆招的父母来说，需要很长的时间阅读；另一种则是参考专家学者或文字工作者所撰文的实用亲子书，这类书籍会针对不同的重点来告诉家长如何做，让家长们在最短的时间内解决问题。

当你发现书上所写的，都不能解决问题时，建议可以与家教中心联络，寻求专业的辅导老师协助。

当孩子进入新环境时，随时关心孩子

当孩子进入新环境时，父母的关心，是最好的良药。以上学来说，无论是到新学校，或是到新班级，对孩子而言，心理上都需要做调适。

台大儿童心理卫生中心曾经针对恐惧上学的孩子做过分析，结果发现，其中原因以课业压力变大、环境的变化及人际关系三项为重。

为了避免孩子在校产生上述的挫折情绪，父母可以利用接孩子回家的途中或闲聊时间问孩子："今天在学校学了些什么？""今天有没有发生什么好玩的事？""老师或同学说了什么让你印象深刻的话？"

除了关心孩子在学校的生活，父母也应不忘随时给予孩子鼓励。

毕业于师大教育研究所的徐月娥老师在著书中提到："爱是所有事物（包括学习）的根本与基础。"让孩子感受到父母的爱，除了能增加孩子的安全感外，也有正面的鼓励作用。

当孩子兴奋地说着在学校发生的事时，父母一句："哇，你好棒！"所带来的效果是无法衡量的。当孩子因为星期假日玩疯了而不想上学时，一句："今天又是一个礼拜的开始，加油喔！"将会帮助孩子稳定心情。

当父母不吝于爱孩子，并以一些小技巧来关心孩子时，渐渐地就能消除孩子对新环境的恐惧，快快乐乐、主动探索新天地！

道歉，让亲子关系更好！

　　许多父母觉得向孩子道歉，就会被孩子骑上头顶。其实，如果能够在自己做错事的时候诚心地向孩子道歉，表面上虽然感觉权威减低了，事实上道歉的这个行为，正拉近与孩子的距离，往后想和孩子沟通问题时，也会比较好解决，说不定还比用权威来得有效呢！

　　晚上，公园里出现了冲突事件。

　　冲突源自于两个互不认识的小孩，一个是荡了很久的秋千还不想起来，另一个则是等了很久还等不到。于是，苦等不到的孩子，一气之下就推了正在荡秋千的孩子的背，虽然力道不重，却也把人从秋千上给推了下来。

　　然后两人开始拳打脚踢起来。

　　"发生什么事？"推人的那个孩子，是由爸爸带来的，见状很快地前来了解情况。

　　"我在荡秋千，他等不及就推我。"被推的孩子，是自己单独来玩的，看见对方的爸爸，立刻表明立场。

　　"你有没有推他？"爸爸问。

　　"有。"孩子诚实回答。

　　"你怎么可以推人？还跟人打架？快点道歉！"爸爸说。

　　推人的孩子，却完全不说话，只是瞪着另一个小孩看。

　　"快点跟人家说对不起啊！"做爸爸的一边说，一边用力地拍了孩子的头，要他道歉。

　　"是他先对我扮鬼脸，还说就是不给我坐……明明就是他不对，你为什么要打我？"被拍了头的孩子，感觉很委屈，气得哭出来。

　　至于那个霸着秋千的孩子，则是一溜烟地跑了。

"你觉得，这个做爸爸的，要不要跟孩子道歉呢？"朋友将这个故事转述给我听之后，也顺道问我的想法。

推人固然不对，但是在孩子的心中，一定也对于他的爸爸不分青红皂白就打他的头，要他跟他不服气的人道歉这件事，感到很不舒服。想想，大人在受到委屈时，也希望误会他的人可以前来说声对不起，更何况是小孩？

"我觉得这位爸爸，应该为他没先问清楚事情的原委就打孩子这件事，跟孩子道歉。"我说出了自己的看法。

道歉，拉近你和孩子的距离

说到跟孩子道歉这件事，在传统父母的心中，几乎很少出现。传统的父母，或许因为权威，或者因为从来就没被自己的父母道歉过，在教育孩子时，可能压根都没想到要跟孩子道歉这回事。

现代的父母则开始有了一些变化，由于孩子生得少，并且愈来愈注重亲子之间的关系，当发现对孩子说错话、做错事时，心中难免会有一些"要不要跟孩子道歉"的声音出现，但大多时候，还是演变为"知道但没做到"，不然就是"做不到"、"不要做"。

跟孩子道歉，或许在大多父母的眼里看起来，是一件"拉不下脸"的事情，觉得如果自己向孩子道了歉，就会被孩子骑上头顶，破坏自己的权威。其实，如果父母能够在自己做错事的时候诚心地向孩子道歉，表面上虽然感觉权威减低了，事实上道歉的这个行为，正在拉近与孩子的距离，因为孩子会想："爸爸妈妈很在意我的感受"，进而建立起信任感。而当孩子与父母的距离拉近了，往后父母想和孩子沟通问题时，也会比较好解决，说不定还比用权威感来得有效呢！

父母以身作则,孩子便有同理心

其实,要跟孩子建立起互信的关系,父母的以身作则是很重要的,想想,如果父母真的误会了孩子,或对孩子做出体罚举动,却因为不习惯、或为了面子而不跟孩子道歉,那么孩子怎么会对父母产生信任? 又怎么会在做错事情时,主动、诚心地向人道歉呢?

从另外一个角度来看,主动道歉,正是培养同理心的一种表现,而同理心又是未来人才极需要的能力。

想让孩子拥有"自己的错误,自己承担"的能力吗? 别忘了,父母的亲身示范,可说是最大的关键喔!

Part 3
让孩子喜欢上自己

"什么样的教养，会塑造什么样的孩子"，父母不当的教养方式，会让孩子不喜欢自己，而不喜欢自己，正是孩子失去动力的首要原因。本篇将透过各式教养形态，引导你该如何从生活中，让你的孩子喜欢上自己。当孩子越喜欢自己，你会发现，孩子也跟着变得可爱了呢！

用界限代替严厉，孩子才不会说谎、患得患失

"不伤害自己"、"不伤害别人"、"不犯法"的原则，不仅可以让孩子清楚明白行为的界限，更可以避免因为不断说出负面语言，让孩子自我否定，进而丧失对尝试新事物的热情。

从小恩开始听得懂话的时候，小恩的妈妈最常说的话就是"不行"、"不可以"。

小恩的妈妈，是一位自律甚高的法务人员，不论是日常生活还是工作上，都很注重细节，绝不马虎。对自己的要求如此，对小恩也是一样。

孩子在成长过程中，或多或少都会出现耍赖、吃饭慢吞吞的情况，小恩当然也不例外。和新手妈妈不同的是，小恩的妈妈超级理性，在小恩第一次耍赖时，除了不理会之外，还顺道立了规矩，让小恩知道耍赖没用。

小恩的妈妈，对于小恩生活上的规矩要求苛刻，连"不能吃零食、喝饮料"也是规范之一，小恩在害怕妈妈的"铁面无私"之下，总是乖乖地照着妈妈的规矩做，在所有的小孩当中，小恩永远是最不吵闹、最听话的一个。

但是，在进了幼儿园后，老师在联络簿上虽然会写到小恩的有礼貌、好个性，却也顺便提到，小恩对于一些活动不太敢参与，像是有一次大家用手蘸水彩作指印画，小恩就觉得很脏；另一次在学校玩水枪，小恩也不肯玩，怕"衣服湿了脏了，会不会怎么样？（担心被妈妈骂）"似乎对于所有活动都没有兴致。

这下子，小恩的妈妈也开始思考，自己对小恩的要求，是不是太严厉了，以至于小恩很多事都不敢做？

对于从小就听多了"不行"、"不可以"的孩子，理所当然对自我的限制就比较多；如果父母在严格之外又严厉处罚，那么孩子很可能会出现以下两种

情况。

说谎

每一个家庭的尺度和标准都不同,孩子从在幼儿园、小学时,就会慢慢地发现"我爸妈说不行的事情,同学却可以做,我也好想这么做",于是,在好奇心与想尝试的情况下,孩子可能会突破父母的规范,且为了怕被骂而开始说谎,或是成为一个"在父母面前很乖"的孩子。

也因此,许多老师会发现,有时候学生在班上做了一些较不好的行为时,家长的反应是极为笃定地说:"不可能,我的孩子绝不可能做出这种事。"直到确认后,才十分震惊"我的孩子怎么会变成这样?"惊觉可能是自己的教养方式老早出现了问题。

患得患失

每家父母觉得该严格的部分不同,有的父母不要求孩子的成绩,但对于品行要求十分严格;有的父母对于成绩的要求明显地重于品行;也有父母是像小恩的妈妈一样,凡事都要求严格。

你是否发现,对于要求严格的部分,孩子也容易出现患得患失的情形呢?

像是被要求分数的孩子,就特别重视成绩,一旦考不好,就很懊恼或担心被骂;或是特别重视整齐清洁的父母,孩子也会特别担心衣服会不会被弄脏?无形中,孩子将会失去"冒险心"。

记得有一阵子在讨论"申请外劳看护"时,曾经有传媒以"规定太严格,人民必须说谎才能请看护!"做为标题。

管教孩子,也是一样的。太严格会出现后遗症,但是,太松也怕会教出"无法无天"的孩子。那么,当中的尺度,到底要如何拿捏呢?

　　我是一位对于品行要求较高的妈妈，曾经也为了管教的标准伤过脑筋，后来想出了几个"口号"，让自己和孩子做为判断的基础。这几个"口号"是——"不伤害自己"、"不伤害别人"、"不犯法"（"法"指的是法律和规定）。

　　比如说：计算机打太久、只吃零食不吃饭这类事情，可算在"伤害自己（健康）"的部分，所以玩计算机、吃零食都 OK，适量即可。

　　至于不伤害别人，定义也很清楚，打人、骂人、推人、害人都算，这部分当孩子愈大、到学校有群体生活时，将会更清楚其中的界限。

　　图书馆的规定是不能饮食（水除外）、不奔跑、不喧哗、手机开震动，这些则是属于"不犯法"的部分。

　　在教养的过程中，不妨试着运用这三个口号，不仅可以让孩子清楚明白行为的界限，更可以避免因为不断地说"不行"、"不可以"等负面语言，让孩子自我否定，进而丧失对尝试新事物的热情。

少批评，孩子才有好人缘、有自信、少叛逆

一个经常被批评的孩子，会觉得自己做什么都不对；一个被批评且又无法说出自己真正想法的孩子，会觉得不被喜爱，或许变得叛逆不再听父母的话，也可能养成消极、懦弱的个性，觉得反正"怎么做都会被批评，干脆不要做"。

十二岁的小莉，笑起来甜美可人，很容易让人想靠近她，和她说话。

每次到了新班级，小莉经常是大家最想认识的同学，但到了学期末，小莉的人缘，就跟先前"差很大"。原因，就在于小莉太会批评人。

同学穿了新衣服，小莉会说很难看；同学参加说故事比赛，小莉会说比不上别班；就连有一次同学带了自制的饼干与大家分享，小莉也说味道怪怪的；就连老师规定的功课，小莉也要批评一番。

渐渐地，同学们再不想被小莉批评，也不想再听小莉的批评，主动远离她。但是，同学并不知道，小莉会这样是因为她有一对爱批评的父母，从小，她就是在父母的批评下长大，自然而然也养成了批评的习惯而不自知。

在生活中，表达自己与他人不同的观点，是再正常也不过的事情。

然而，如果以"批评"的方式来进行，不但会让自己"只看到负面事情"，也会让不喜欢被批评的人远离你。

我认识一位二十岁的大学生，就是出生在爱批评的家庭中，后来当她考到外县市的大学，住在外面一年后，才发现自己原来是这么爱批评人，进而反省自我，用不批评的态度来看待身边的人与事。只不过，每当暑假或过年过节回家时，她就非常痛苦，因为她发现家人对于各种事情都只有批评，她一方面不想再听到家人的批评，一方面又不晓得还能说什么话题……

这位大学女生说，正因为如此，她很早就决定毕业后要搬出去外面住。

"你会告诉家人真正的原因吗？"我问。

"当然不会。"她坚定地摇头并且说："说出来免不了又要被批评一番，而且更不可能搬出去住了。"

听了大学女生的话，我心想：其实父母都知道，孩子长大后，或许会想独立而搬出去外面住，但如果原因是"受不了父母的批评，只好搬走"，不晓得父母会怎么想？

亲爱的父母们，你是否从孩子很小的时候，就批评孩子的种种，或是经常让孩子听到你对别人的批评？或是，你发现孩子很喜欢批评别人呢？

从不同的层面来看，喜欢批评别人的人，很有可能同时具有这些特质：

对自己没信心

因为对自己没信心，想从批评别人，来突显自己比别人懂、比别人好。

容易嫉妒别人

因为嫉妒对方比自己好，于是就用批评来让别人觉得对方没那么好。

想得到别人的注意

有些喜欢批评的人，内心其实是希望以不同的意见来得到大家的注意。

有强烈的群体意识

对于群体有强烈的责任感，会批评自认为"不对"的事情，希望大家有"正确"的想法。

受到主教育者的影响

如果父母或老师、长辈喜欢批评，孩子也容易养成批评的习惯。

就某一个层面来看,"有批评才会有进步",但如果是习惯性的批评,则会让生活中少了正面的趣味。

批评,指的是只容易看到不好的地方,无论太小事,都会先讲不对的部分,或是否定孩子。比如:孩子考了九十九分,父母拿到考卷后,先指着被圈起来的地方说:"你看你,这么粗心。"孩子跑太快跌倒了,父母说:"你看你,就是跑太快,就是不听话才会跌倒。"

一个经常被父母批评的孩子,会觉得自己做什么好像都不对;一个被批评且又无法说出自己真正想法的孩子,会觉得不被喜爱,或许变得叛逆不再听父母的话,或许变得没有自信进而批评别人,也可能养成消极、懦弱的个性,觉得反正"怎么做都会被批评,干脆不要做"。

相信父母们都不希望自己的孩子人缘不佳、叛逆、懦弱、没有自信。所以,下次当你发现孩子在批评别人的时候,也请多留意孩子的心灵世界。更重要的是,别忘了自己也要从批评的习惯中走出来喔!

用管教代替叫骂，教出不内向又温柔的孩子

"到底要不要骂孩子？"这样的议题，在父母之间成为热门讨论话题，我想，最该讨论的问题其实是"为什么要骂孩子？"

小学一年级的小健，是个憨厚的孩子，他热心助人，上课时也很专心，回家功课总是认真地完成。

唯一令妈妈头痛的是，小健的注音符号差到极点。除了上课时老师的正常教学，下课后安亲班的加强辅导外，小健还参加了学校的晨间注音符号加强班，无奈的是，小健对注音符号就是没辙。

有一次，学校举办注音符号能力测试，小健的妈妈也自愿担任"关主"。只见学生们很快就念出注音符号拼出来的音，轮到小健时，却怎么念都不对，无法过关。

小健的妈妈看了，既生气又不耐，在众目睽睽下对着小健大喊："这么简单的拼音，别人一下子就会了，你却学不会，你是笨猪啊！"

被妈妈一骂，小健更不敢说话了，原是欢乐的过关气氛，顿时一片沉默。

不论是大人小孩，没有人喜欢被骂。但是，在管教孩子时，要不骂孩子，还真是不简单。

有时，当孩子很缠人、很不可理喻，用软的劝不听时，我也会耐心用尽，开始"来硬的"。但是在孩子心中，"骂"的定义跟大人所想的，可能有着很大的不同。

过去，我一直觉得，只有"骂人的话"（如猪头、笨蛋）这类，才叫做骂。在这个认定下，我觉得自己并不是个会骂孩子的妈妈。直到我和女儿之间发生了一个小事件，我才发现，在孩子眼中可不是这样想。

那是在小女儿小一升小二的暑假，从未放过长假的她，发现有好多天不

必上学,比较起来暑假作业似乎不多,于是在上学日时,吃完饭就主动写作业的她,到了暑假就变成"先做自己喜欢的事",至于暑假作业,每隔几天才写一篇。

起先,我心想,放暑假嘛,轻松一点也不错,不过,就在日子一天过一天,两个星期过后的某一天,我终于忍不住对小女儿大喊:"你在做什么? 还不赶快去写功课!"

被我这一喊,女儿没有立正站好,倒是反问:"妈妈,你为什么要骂我?"

"我哪有骂你? 我不过是叫你写功课好吗?"被女儿一问,我为自己解释。

"有,你这样子就是骂。"女儿说。

"什么? 这样子就算是骂?"正当我要继续开讲时,想起孩子的感觉跟大人并不同,在孩子眼中,我的语气充满指责及命令,或许让她有一种被骂的感觉。

于是,我深呼吸后,以一种平缓的语气和眼神告诉女儿:"我没有想要骂你的意思,只是想提醒你思考一下何时写暑假作业。"

"好,我知道了。"女儿点点头。

亲子教育专业讲师丁凡,在国语日报的专栏中,曾经刊载了一篇文章,颇受关注。文章的大意提到台湾的家长普遍喜欢骂孩子,并将骂分门别类,从边打边骂(我打死你!)、人身攻击的骂(你这个坏孩子! 你白痴啊?),到话中带有恐吓、比较、羞辱等,都是骂的一种。

在《骂孩子要有技巧》这本书中,提到骂孩子要骂得有建设性、父母不能独裁地要孩子照着自己的期望去做……

"到底要不要骂孩子?"这样的议题,在父母之间成为热门讨论话题,我想,最该讨论的问题其实是"为什么要骂孩子?"

在所有的责骂之中,最伤孩子心的,当以"打+骂"及"人身攻击的骂"为主,而我也发现,当父母用这样的方式骂孩子时,孩子不是变成"害怕被骂的内向型孩子",就是成为"有样学样的暴力型孩子"。

下次,在骂孩子之前,不妨先想一想,自己到底是为了什么骂孩子?不然,下一回的家庭作业,就是当孩子把你的口头禅"猪啊"用到同学身上,被老师通知纠正时的"亲子作业"了!

用引导代替期待，教出"知道自己要什么"的孩子

从小就让孩子做自己，爱他、教他，帮助孩子了解自己存在的价值和意义！这么一来，孩子的未来，都能活出自己，是不是很棒？！

小曼是家中唯一的孩子，父母对她的期望很高，不但替她安排了各种才艺学习，还要求她要有好成绩、好表现。小曼也果然不负父母期望，成绩科科出色，就连演讲比赛、书法比赛、查字典比赛都是前三名，是其他家长们眼中不可多得的好孩子。可是，当小曼一人独处时，她常常会拉扯头发、将自己的肉捏得淤青……

在父母不断的期望下，孩子为了得到父母的喜爱，也只好努力、争取、再争取，似乎只有样样第一，生命才有光芒。这样的孩子，事事以父母为中心，没有想过自己真正要的是什么，即使有，也可能因为不想违背父母，而桎梏于父母既定的期待中。

美国的弗兰克·波特曼博士在所著的《新男性》一书中，提到他有一次带着儿子去看心理医生，结果，医生却回答他："你的孩子很不错，他所呈现的，是青少年的行为模式，他是正常的。只是，为何你要强迫不错的孩子变得更完美，而阻止了孩子的成长呢？"

至此，波特曼博士才恍然大悟，自己对孩子要求高完美、高标准的态度，已经让孩子产生压力。

一个时常处在压力中，处在别人标准中的孩子，是没有办法真正爱自己的；当他不爱自己的同时，可能会失去自我探索的机会；他的世界，都是因为别人的期待而精彩，对自己的自信也来自于别人，父母真的忍心孩子成为这样的人吗？

因为了解自己、爱自己而脸上充满活力的孩子，才是真正有自信的人。

一个有自信的人，自然有足够的动力来支持做任何想做的事。

父母们，请降低过高的标准与期望吧！

抛开大人的主观与身段

一位好朋友的两岁女儿小琳，有一天，趁着妈咪在厨房时，从沙发上站起来，她拿起蜡笔，在客厅的墙壁上画呀画，等到妈咪发现时，米白色的墙壁已经多了好多个黑色的圈圈……

小琳的妈咪看到墙壁变成孩子的涂鸦区时，起先感到生气，明明上个礼拜才告诉过孩子墙壁不能画，怎么又多了一处"战区"？但是再仔细一看，小琳画得还真不错，于是，她抱起小琳问："你在画什么啊？"

"面包。"小琳天真地说。

"妈咪看看，你总共画了几个面包？"

于是，母女俩就开始数……

"那么，面包能不能画在墙壁上？"小咪的妈妈接着问。

"不可以。"小琳回答。

小琳的妈妈告诉我，这件事让她发现，孩子需要一个涂鸦区，再看看孩子似乎真的在反省，所以也就不责备孩子了。

不知道现在的你，喜欢画画吗？

几乎每个孩子，在很小的时候，都喜欢画画。画画，是孩子表现感情与想法的方式之一，如果大人们完全以自己主观的角度来怪孩子画在不该画的地方，或者硬性规范孩子"你画错了，鱼应该是这样画才对"，如此将会压抑孩子的心理成长，甚至浇熄孩子对画画的兴趣。

除了画画，在其他方面也是一样的，如果以另一个角度来看，你就会发现，孩子所做的许多原本"不好的"、"不对的"事，其实只是你的主观意见而己。

让孩子做自己

很多青少年都会思考自己是谁？活在世上有什么意义？

假如，孩子会如此思考是为了想要更了解自己、对未来生涯产生兴趣，父母倒不必紧张。

假如，孩子是因为觉得活着没有意义，甚至受到诱惑而加入不良帮派，则往往会让父母不知如何是好。

卡内基训练中心负责人黑幼龙先生在一篇《育儿如同照顾花卉》的文章中提到："我们应当允许小孩按照他们自己的样子长大……父母要能衷心悦纳孩子去做他自己。"

我也曾经在一篇文章中，看到这样的一段话："父母亲要帮助孩子建立稳定成熟的人格，让孩子知道自己是谁？并且更加了解自己的价值。"

是的，从小就让孩子做自己，爱他、教他，帮助孩子了解自己存在的价值和意义！这么一来，孩子未来才能活出自己，永远不必父母担心。

给孩子应有的自由空间

著名的心理学家埃里克森（Erikson）将人的一生分为八个阶段，每个阶段都有极大的关联，并且认为在孩子还是幼儿时，父母与其一味地禁止孩子碰东触西，不如给孩子一个自由、安全的环境。

即使是两岁的幼儿，也需要拥有自由的空间，何况是更大的孩童？

作家爱亚的大儿子从小就喜欢昆虫与动物，生物方面的成绩也非常好，爱亚与丈夫都希望孩子成为医生，孩子在选组时也选了丙组，一切都很顺理成章。直到有一天，儿子突然提出"想转乙组考美术系"的想法，爱亚才想到，孩子小时候除了接触生物自然外，也很喜欢画画呢！

于是，爱亚就在惊讶中答应了孩子，为的就是让孩子能够活得像他自己。

不干涉孩子选系，是许多父母做不到的，尤其是从医生到画家，中间的落差实在是很大，但是，爱亚不束缚孩子所爱的原因，就是希望孩子能够"像他自己"。

给孩子一个做自己的机会吧！你将会发现，和孩子一起思考、欣赏孩子的"创举"，是件多么棒的事情！

认同天赋，教出对生命展现热情的孩子

每个孩子都有属于自己与生俱来的天赋，而父母的工作是，引导孩子去察觉、喜欢这样的天赋，而不是只一味地跟随主流，否定孩子喜欢的兴趣与展现的特殊才能，让孩子无法自在地发展自己，对生命失去热情。

朱宗庆打击乐团创办人——朱宗庆先生在孩子小的时候，就带着孩子去听音乐会，欣赏舞蹈及看戏剧表演。他在一次访谈中提到："长期接触美感，经验深刻的音乐，无形中就能涵养性情，使人能习于省思，不容易纵容本能的情绪脱缰，而对别人造成危害。"

奇美文化基金会潘元石顾问，在从事幼儿美术教学四十多年的经验中，认为美术教育是包含了心理、情操、思想及人格的全面教育。

在孩子小时候，喜欢哼哼唱唱就是音乐，喜欢跟着节奏晃动就是舞蹈，喜欢拿着笔随意涂鸦就是画画……

每个孩子都有属于自己与生俱来的天赋，而父母的工作是，引导孩子去察觉、开发、喜欢这样的天赋，而不是只一味地跟随主流，否定孩子喜欢的兴趣与展现的特殊才能，让孩子无法自在地发展自己，对生命失去热情。

有一次，一位妈妈很苦恼地说："不晓得孩子的天赋是什么？只好逼他们念书。"其实，从观察孩子的兴趣中，也可以发现孩子的天赋。

回想一下，孩子曾经说过喜欢什么？或是玩游戏的时候，最爱玩什么？平日在家中喜欢做些什么？

这些在大人眼中的小游戏、小活动，将来都可能成为孩子发展天赋的"引子"，父母们不妨将孩子小时候喜欢做的事情记录下来，引导孩子朝天赋的方向走去。

参考孩子的性向测验

当孩子日渐长大，让孩子做性向测验，是个让家长与孩子更加了解孩子本身具备哪方面才能的正式方法之一。

专研植物病虫害的杨平世教授，在一次访谈中表示他与太太都很尊重孩子的兴趣，也会参考孩子的性向调查表，来做为孩子未来生涯规划的依据。

兴趣与性向在意义上是不同的，兴趣是爱好、喜好，而性向与先天气质、潜能、兴趣有关，不管孩子的兴趣与性向测验的结果是否相符，父母都可以将此当做参考。但是，参考并不是绝对的依据，除了性向测验外，家长们还是不能忘了时时关心并观察孩子的兴趣。

当孩子主动表示兴趣时

"妈咪，我想要学钢琴！"八岁的小儒有一天告诉妈妈。

"不行。"妈妈马上回绝。

"为什么嘛？"小儒快哭了。

"上次你还不是吵着要学画画，结果呢？连个大象都画不好……"

"这次我是真的想学钢琴！妈咪，你让我学好不好？"小儒在哀求的同时，眼泪已经流了下来。

"我说不行就是不行，你根本是虎头蛇尾，学钢琴？你还没学我就已经知道结果了！"

的确，"虎头蛇尾"是许多孩子的本性，但是，像小儒的妈妈，孩子还没学就拿之前的经验来预告结局，对孩子来说，是不是已经先宣判了"你根本不行"的死刑？

再者，学习的目的又是在哪里呢？朱宗庆教授就曾经举音乐为例："孩子愿意接触音乐,就是好的开始,会弹曲子是不是就代表孩子真的学到东西了呢?"

假如家长否定孩子的原因,是因为孩子的表现不如家长原本的期望,那么请先思考朱教授的话。

至于如何面对孩子学了一阵子就虎头蛇尾的态度呢?

我有一位老师朋友的方式是,在孩子学习到比较复杂、困难的阶段想放弃时,以鼓励的方式来打气;假如孩子真的依然没什么兴趣,就跟孩子讲道理,告诉他如果放弃学习,会发生什么事,或者可以换个方式,虽然不再去上课,还是可以接触相关的信息,不至于让孩子对这个兴趣完全中断。

在日本,音乐、美术与劳作合称为"情操课",学习这方面的才能,不只是为了要有什么样的好成绩,还要让孩子从学习才能中陶冶情操,甚至从中发现孩子的天赋,是平日花再多学费也学习不到的。

Part 4
培养孩子不怕尝试的能力

"勇于尝试"的定义很广，尝试从未做过的事，或是从挫折中站起来、勇于面对，都能让孩子累积对自己的信心及尝试的勇气。

希望孩子勇敢，你就要先勇敢

父母的行为与对待孩子的态度，将会影响孩子的自我发展。在发展心理学中也提到：父母管教孩子的态度，的确会影响孩子的自我发展，父母怎么做，孩子就怎么学。

听说从小学五年级开始，连游泳都要打成绩，为了让孩子早一点儿学会游泳，皓皓的妈妈决定在皓皓三年级暑假时，让他去学游泳。

带着皓皓到报名的地方，柜台小姐很亲切地跟皓皓的妈妈说："要不要和孩子一起学呢？不但可以增进亲子间的感情，还可以减肥喔！"

听到柜台小姐这么说，皓皓很期待地看着妈妈，没想到……

"不必了、不必了！"皓皓的妈妈立刻回答："我很怕水，也不喜欢游泳。"听到妈妈这么回答，原本对于水就有些害怕的皓皓，心中对水觉得更加恐惧，于是在报名处大喊："我不要学游泳，既然妈妈可以怕水就不游，我为什么不行？"

父母怎么做，孩子怎么学

为什么大人不行，小孩就一定要呢？对于皓皓的问题，大人或许可以说出很多理由响应，比如：以前学校没有考游泳；游泳对身体很好；大人到有水的地方时，不会让自己身陷危险，但小孩就不一定，所以小孩要学游泳。

偏偏，现在的孩子可不吃这一套，于是，大人会觉得孩子愈来愈爱顶嘴。

心理学家杜伯花了二十二年的时间研究四百位孩子，并记录他们从八岁到三十岁的行为，他发现，父母的行为与对待孩子的态度将影响孩子的自我发展。

在发展心理学中也提到：父母管教孩子的态度，的确会影响孩子的自我发展，父母怎么做，孩子就怎么学。以皓皓的例子来说，就算他后来真的去学了游泳,也绝不是真心想这样做,而是因为母亲的权威不得不低头。假如这样的相处模式一多,日后皓皓在面临与他想法相抵触的事情时,会怎么处理呢?

父母们的确可以有一堆理由要孩子做自己不想、不敢尝试的事情,但是,如果父母愿意与孩子一同学习,尝试自己过去所害怕的事情,的确就如同游泳柜台小姐所说的,可以"增加亲子情感"喔!

"以身作则"是最好的方法,在鼓励孩子之前,请父母先以身作则!

同样的,希望孩子不怕尝试,对于事情要有动力,父母们自己也要让孩子看到你勇于尝试的那一面喔!

利用毕马龙效应让孩子进步

在希腊神话中,有一个故事是这样的:一位名叫毕马龙的男人,爱上了一座美丽的女性雕像,他天天看着她,满心希望雕像能变成真人,就在日夜诚心的祈祷下,恋爱之神也为之感动,施点魔法,雕像竟变成真人!

在教育心理学中,毕马龙效应指的就是美梦成真、自我应验理论。

而心理学家罗那·所鲁证实了这个理论。他在学期开始时,找来了几位学生,并告诉学生:"我相信这学期你们的成绩一定会进步!"

学生们在老师的预期下,果然让老师所说的话应验了。

还有一个实验是这样的:一位老师在教导新的班级前,就先被告知哪些学生成绩好、哪些学生成绩不好(其实不然)。于是,老师在教学时,就不知不觉地对成绩好的学生多加鼓励,称赞他们聪明;对于那些成绩不好的,就觉得再怎么教都教不会。结果是:考试之后,前者的成绩果然比后者要优秀。

从这两个实验中,你是不是也发现:父母怎么期待,孩子就会变成那样呢?所以,在鼓励孩子之前,请不要有"唉,我的孩子就是不成材"的想法,而是要有"我的孩子绝对会进步"的信心,让毕马龙效应出现吧!

当孩子遇到挫折时，帮助孩子跨越它

美国儿童教育专家瑞克斯博士指出："当孩子跃跃欲试时，父母不信任、不肯定的态度，会阻碍孩子尝试发掘自我力量、能力的意愿。"其实，做与做对、做成功是两码子事，同一件事情，就算大人自己来做，也会遇到"马有失蹄"的时候，为什么却要求孩子不能出差错呢？

在动物园附近，曾经竖起一面广告牌，广告牌上的照片，是一个戴着棒球手套的小男孩正要接快速球的模样。在广告牌的一侧，写了一句话，意思是要孩子勇于面对，不要逃避。

世上的事没有十全十美的，当孩子遇到挫折时，选择勇于面对或者逃避，将会有不同的结果，对孩子的人格发展，也有绝对的影响。

孩提时代，最容易遇到的挫折不外乎是成绩、人际关系两项，在人际关系方面，后文将会详述，在这里先谈谈成绩方面的挫折。

成绩可不是针对学业成绩而已喔！只要有学习，就会有不同的成绩，学业如此，体育活动也是一样，就连学舞蹈、学折纸……等活动，都会令孩子产生成就感或挫折感。

那么，当孩子受到挫折，垂头丧气地回到家时，爸爸妈妈们该如何是好？

从有把握的地方开始

名棒球手王贞治在比赛前，最不会做的事就是"一直练习自己打不中的球路"，相反地，他只练习他最得意的球路，借由这个方法，让自己愈练愈有信心，当信心增强时，就有迎向"打不中的球路"的勇气。

王贞治的方法，听起来似乎有点儿在逃避，其实不然，因为，平常的他可以什么都练，只不过在比赛前夕，总不能一股劲地只挫自己的锐气。所以，当孩子因为成绩不好而感到挫折时，父母不妨也试着从简单的、孩子会的题目开始，让孩子有"这题我会"、"这个我会做"的感觉；当孩子学不会跳舞的时候，也可以让孩子从最简单的舞步开始学起，让孩子拾起信心，一旦建立信心，孩子就会有勇气面对下一次的挑战。

别苛责"非故意"的孩子

晚饭后，六岁的小芳吵着要洗碗，爸妈原本不愿意，不过在小芳的坚定态度下，还是答应了小芳的要求。结果，首次洗碗的小芳一不留意，让碗就从手边溜走，"砰"的一声，碗碎了。

"你看，都是你不专心，碗才会掉！"小芳的妈妈首先发难。

"我早说不要让她洗，你就硬要答应她！"小芳的爸爸一副怪到妈妈头上的语气。

"喔，这么说是我的错啰！"妈妈变了脸。

原本是碗破了，到最后却变成父母吵架，而小芳幼弱的心灵，已然对洗碗感到挫折，觉得是自己害爸妈吵架的。

同样会打破碗，但是大人打破碗时不会被骂，小孩打破碗时被骂的概率却很高？明明是同一件事，为什么大人和小孩的"下场"不同？

小孩打破碗，大人会觉得小孩"不专心"、"还不行啦"，却没有想过，孩子此时的心情如何？

美国儿童教育专家瑞克斯博士指出："当孩子跃跃欲试时，父母不信任、不肯定的态度，会阻碍孩子尝试发掘自我力量、能力的意愿。"

也有些父母答应让孩子去做，但当孩子一不成功时，父母就会以看好戏、预期会失败的态度来告诉孩子"你看吧，我就知道"，那么，孩子会觉得自己是个失败者，对于原本想尝试的事，便会产生极大的挫折感，甚至连带影响到对于其他事情的尝试心。

其实，做与做对、做成功是两码子事，同一件事情，就算大人自己来做，也会遇到"马有失蹄"的时候，为什么却要求孩子不能出差错呢？

让孩子有面对不完美的勇气吧！如此，当孩子一次失败时，才有勇气再一次尝试，当他成功的刹那，心中的喜悦，将比不曾失败过的人还要来得难以形容！

正面激励是最好的方法

日本明治学院大学社工硕士，也担任社工系教职的廖清碧在著书中提到这样一句话："当一个人能不往外求，而往自己的内在探求时，他才能有勇气面对外面世界的诱惑及压力。"

当孩子在外受到挫折时，首先要引导孩子学会内在探求，也就是让孩子了解"真正的自己"，让孩子知道自己虽然有缺点，但也有很多优点，如此孩子才有勇气面对所遇到的事情。

人会遇到挫折是正常的，孩子的挫折，在父母眼中或许是芝麻小事，简单得很，可是父母却忘了其实孩子年纪尚轻，会对于大人觉得简单的事感到挫折，这并不令人意外。

此时，千万别骂孩子，也不要说类似"才考六十分！""竟然写错了几十题！"之类的话，而该以正面的态度来告诉孩子："这次得了六十分呢！再努力一些，下次就可以拿到七十分了！"如此不但不会让孩子遭受二度挫折，关上勇于面对的心门，还能增强孩子面对挫折的能力，因为，当孩子日后再度遇到挫折时，他就会懂得激励自己。

当孩子自信心不足时，鼓励是最大的助动力

不论孩子是由于什么原因感到自信心不足，爸爸妈妈们都请记得"毕马龙效应"——你怎么想，孩子就会是那个样子！

"妈咪，怎么办？明天音乐课要考吹笛子，可是我觉得自己吹不好，怎么办？我好紧张，一紧张手就会流汗、一流汗就会按错、一按错就吹不下去，我想请假！"三年级的小薇说。

"紧张？我看你一定是练习不够吧！赶快再去多练习！"妈妈说。

当父母遇到"孩子没有足够的信心"时，有哪些好办法能够帮助孩子呢？

孩子有没有自信，从言行举止间就能够看得出来，一个常常将"我没办法"、"我做不到"挂在嘴边的孩子；一个走路时总是低着头的小孩；一个眉不开、眼不笑的儿童，除非是遇到了莫大的打击，否则原因通常是来自于"自信心不够"。

我有一位朋友，从小就被老师点名参加演讲比赛，小学共参加了八次，却没有一次得奖，此后，朋友就对在公共场合说话很没有信心，即使不得不发表简报，只要台下的人表情一不对，就草草结束简报……

因为自信心不足，所以怕事情做不好、考试考不好；因为被嘲笑过，所以将自己隐藏起来；因为脸上长痘痘，所以不敢面对别人，这样的小孩并不少，只是，身为家长的我们有没有想办法让孩子重振信心呢？

让孩子多阅读励志传记

比尔·盖茨大学没毕业、爱迪生小时候曾经因为太怪异而遭老师拒教……许多今日举世闻名的人，都有过不如意的经验，假如你的孩子正因为成绩不好而没有自信心，那么不妨试试"自卑就是力量"法。

美国一位精神卫生专家万来为了举证"自卑就是力量"，以大量的名人为题材，这些名人的学业成绩都曾经很差，除了上述的爱迪生外，还有牛顿、爱因斯坦、拜伦……。

密歇根大学的心理学家马库曾经将学生分成两组实验，一组是想象自己未来是个大律师，是个超级富裕的完美成功者；而另一组则是想象自己未来没饭吃，是个沦落街头的失败到底者，然后再将难解的数学题目，让两组人作答，结果发现第一组的表现要比第二组来得好。

这就是"可能的我（Possible Selves）"理论。

从上述的理论中，我们也可以类推"只要孩子不放弃自己，就永远有自信的力量"。孩子小时候的成绩不好，或许是脑筋还没有开窍，也或许是没遇到适合的老师，所以老师怎么教都听不懂。但是，如果让孩子多听听名人的励志故事，孩子便会了解到自己遭遇到的情况并不是独一无二的，进而建立起自信心，当孩子有一天找到最适合自己的学习方式时，就会破茧而出，就像大家所说的黑马般，表现得让人瞠目结舌。

父母的爱是最佳泉源

前面提到"只要孩子不放弃自己，就会有自信"，然后，在孩子学会不放弃自己之前，父母爱的力量却是鼓励孩子的最佳泉源。

当孩子失去信心，在学校中被同学讥讽时，父母的一句："我相信你总有一天绝对可以的。"将会给孩子带来多大的安慰啊！

许多自信不足的孩子，都是因为希望自己比别人强，却又在比较之后，发现期望落空才产生自信不足。对于这样的孩子，父母如果能够帮助他发掘别的优点，让孩子觉得"我也不差嘛"，自卑感就会自然消失。

假如孩子是因为天生的障碍而自卑，不如学学希腊名辩论家德摩斯梯尼的方式，在不讳言自己口吃的缺点后，由后天努力来弥补缺点。

不论孩子是由于什么原因感到自信心不足，爸爸妈妈们都请记得前面曾经提过的毕马龙效应——你怎么想，孩子就会是那个样子！

增加孩子的成就感与信心

"宝贝——别紧张，明天下午林阿姨会来我们家，妈咪现在先听你表演一次，明天我们先让林阿姨听一次，包准你上台的时候演出一级棒！好不好？"

请朋友来家中做客，让孩子在外人面前展现所学，无论好坏，都给予适当的赞美与鼓励，一方面可以建立孩子的自信心，另一方面又能得知学校的教学内容，是一个不错的方式。若是有的父母亲平时比较忙碌，就可趁着周末假日让孩子来做一个"自我展现的总复习表演"。

此外，对于年纪较小，组织能力尚未发展完全的低年级学生，可以采用"静态呈现"的方式，例如展出孩子自己完成的劳作、书写整齐漂亮的作业本，甚至当孩子学习到日常用品的正确使用观念时，也可以请他当场解说及示范，当孩子做得正确，得到赞美的时候，心中建立起来的成就感，将会推动孩子更渴望学习的念头。

无论再怎么有自信的孩子，也会有特别畏惧某科或某项事物的时候，爸爸妈妈们当然不见得要求孩子样样都行，但是替孩子建立起信心，却比成绩要重要得多。尤其是当孩子屡次练习都依然不会时，更是建立信心最重要的时刻，一句"白痴、笨蛋"给孩子带来的，比分数低的负面影响要大得多，可千万别因小失大喔！

孩子犯错时，让孩子知道错误使人进步

当孩子犯错而自我贬低时，让孩子知道他只是一时犯错，不代表整个人也跟着被否定；此外，也要让孩子明白，愿意诚心改进错误，是一件值得鼓励的事情，如此一来，孩子就不会因为犯错而不愿原谅自己，贬低自己了。

六岁的瑞瑞早上和哥哥为了抢玩具不愉快，中午出门吃饭前，瑞瑞趁着哥哥弯腰穿鞋的空当，故意推哥哥的背，让哥哥一时无法平衡而跌倒，额头撞到鞋柜，肿了一大块。

亲眼看见实况的妈妈问瑞瑞："你有推哥哥吗？"

瑞瑞却神色自若地说："我没有，是哥哥自己不小心跌倒的。"

为什么孩子犯了错，却不肯承认呢？

一位小学老师提到，许多孩子不敢承认犯错的原因，除了怕被罚、被骂外，另一个原因与父母有关——孩子怕自己做错事，会让父母伤心。

怕被罚被骂的孩子

因为担心承认错误会被罚、被骂的孩子，通常在更早的时候，就曾经有过做错事而被严重责罚的经验，导致孩子害怕再次犯错，又要被罚、被骂。

对于这类型的孩子，父母在孩子犯错时，如果只是开门见山地问："你有没有做某某事？"时，孩子通常会立刻反驳，父母的火气也会跟着升高，于是，孩子免不了又被一阵打骂，还是没有解决问题。

怕父母伤心的孩子

另一种不敢承认错误的孩子，则是大家眼中所称的"乖小孩"。

乖小孩普遍指的是懂事、听话的孩子，父母通常也很注意孩子的言行举

止，因此孩子一旦犯错后，很害怕父母伤心难过，也无法接受自己犯错，反而会找理由来解释，就是不愿意承认，即使是小过失也一样。

有不少孩子，因为怕被罚、怕被骂，也怕父母伤心，所以进一步害怕去尝试新的事物，错过了许多人生中的精彩。身为家长的我们，就应该试着引导孩子明白"错误使人进步"，带着孩子从错误之中成长，而不是让错误成为孩子的绊脚石。

当孩子不怕犯错，才能看见教育的切入点

不论是乖孩子或者调皮的孩子，承认自己的错误，都是一项学习。当孩子犯错时，请让孩子知道，每个人都会犯错，重点是如何改进。

爸爸妈妈也可以使用自己的例子来说明，这么一来，孩子的心中就比较不会觉得"犯错是可耻的"。

同样的道理，用在考试上也是如此。很多父母看到孩子答错，会很生气地说："这么简单也会错！"其实，孩子会写错，就是因为不懂，即使是粗心算错，背后的意涵也可能是孩子需要学习细心与耐心。

不妨在平日就告诉孩子："考试的目的是测验哪些地方还需要加强。"这么一来，孩子在看见考卷被打叉时，就不会那么自责，并更有动力想要将不会的学会，对于没尝试过的，也不再那么排斥了。

孩子承认错误时，赞许孩子的勇敢

不论是害怕被骂、怕父母伤心，或是无法接受自己犯错，当孩子不肯承认犯错时，最需要处理的，是让孩子知道有错误才有进步。

此外，一旦孩子承认犯错时，最忌讳打落水狗地说"你看，我就知道是你"、"早点承认就好了"，或是火上加油地质疑孩子"你刚才为什么不承认？我要再加罚你"。

毕竟，没有人喜欢犯错。当犯错时，孩子的心中一定也充满了自责与罪恶感，在这样的情况下，承认犯错的确需要勇气。所以，当孩子承认自己犯了错时，请让孩子知道承认错误是真正的诚实，并且别忘了告诉孩子"你好勇敢，愿意承认自己犯了错，真的很了不起"。这么一来，孩子就不会在犯错时不认账，对于孩子的人生，将会有很大的帮助。

孩子自我贬低时，对事不对人

不论是戏剧或卡通，当剧中人物做错事时，有时会出现自我贬低的旁白，如："我真的很笨"、"我什么事都做不好"。

现实生活中，当孩子这么说时，爸爸妈妈该怎么回应呢？

是说"你看你，从小就是这样……""你知道就好"，或是赶紧安慰孩子"你没有这么糟糕啦！"还是什么话都没回答？

一位亲子作家认为，在孩子贬低自己，给自己负面评价时，父母如果认同孩子的想法，或是不回答，孩子很可能会觉得自己真的很差，进而失去自信心；另一种可能性则是误认自己存在的价值，就是要把事情做到完美，不能出错。

然而，你我都知道，世界上没有十全十美的人，无论是觉得自己很差，或是认为自己不能出错，对孩子的人生来说，影响都很大。

那么，当孩子自我贬低时，要如何回应才好呢？

在职场中，有一句话"对事不对人"，同样的情形，也可以用在孩子身上。当孩子犯错而自我贬低时，让孩子知道他只是一时犯错，不代表整个人也跟着被否定；此外，也要让孩子明白，愿意诚心改进错误，是一件值得鼓励的事情，如此一来，孩子就不会因为犯错而不愿原谅自己、贬低自己了。

鼓励孩子坚持兴趣，让动力倍增

"有兴趣"的意义，并不在于这项兴趣是否能让孩子出人头地，更重要的含意是兴趣可以让孩子养成坚持的态度，日后孩子在事业或者其他方面，也会有坚持的体认，进而更容易迈向成功。

有一次，我坐在地铁上，身旁的太太突然对着刚上车的一对母子说："王太太，你带着孩子去学钢琴啊！"

"是啊，我这孩子功课不好，就是喜欢钢琴。"王太太说。

"那就很好了，将来说不定进了音乐系，功课只要差强人意就可以了啦！哪像我们家小强，成天只会集邮，真不知道将来要做什么好喔！"坐在我身旁的太太叹息地说。

过去学科至上的观念在现今"多元入学"的政策下有了一些改变，许多家长开始正视孩子的兴趣，坊间才艺班愈开愈多，为的就是让孩子能学习更多才能。

持续的兴趣，是未来成功的养分

除了适合多元入学方案的兴趣之外，有的孩子兴趣在集邮，有的孩子喜欢观察大自然，有的孩子乐于将收音机拆开重组，这些兴趣，家长们可不要忽略了。

达尔文就是一个例子。

小学时代的达尔文，最喜欢的是收集贝壳与邮票，至于学业成绩，倒是不怎么理想。后来，他又是怎么研究出进化论的呢？

原来，小时候收集贝壳的兴趣，让达尔文对于生物的分类与整理有很大的帮助，当他在世界各处着手于生物的分类整理时，产生了"世界上的生物到底有什么关联"的疑问，并朝着这个疑问前进，终于在年近五十岁时，发表了《物种起源》。达尔文的故事告诉我们，对于某件事有兴趣的孩子，就表示他会对那件事情有一定的坚持。

"有兴趣"的意义，并不在于这项兴趣是否能让孩子出人头地，更重要的含意是兴趣可以让孩子养成坚持的态度，日后孩子在事业或者其他方面上，也会有坚持的体认，进而更容易迈向成功。

有一位在计算机软件公司担任企划的朋友说："我从孩提时代就喜欢玩电动玩具，也会研究破解法，于是研究出兴趣，毕业后就到这里来上班了。"从兴趣变专长，达尔文是一个例子，这位爱玩计算机游戏的朋友，也是一个例子。

兴趣，让学习效果倍增

一位医生，在结婚、有了孩子后，发现自己的最爱不是从医，而是跳舞，于是辞掉医师工作到国外学舞，并将所学发扬光大，成为知名的舞蹈表演家。

一位行政助理，毕业后就进入人人羡慕的外商公司，十多年后，她感觉每天一想到要上班，就十分抗拒。在一场大病后，她想通了，离开了公司，学习她从小就有兴趣的饼干烘焙，一切重新开始。

许多人，在四十岁、五十岁，甚至六十岁时，对自己原本的工作感到疲乏，发现这份工作并不是自己真正想要的，转而从事自己小时候有兴趣的事。

当在做自己感兴趣的事情时，很容易忘了时间的存在，甚至"废寝忘食"，可见，兴趣可以使学习变成主动，也就让学习的效果倍增了。

正因为找到兴趣是这么重要的一件事，许多老师在教学的第一堂课，也会绞尽脑汁，用有趣的方法吸引学生对学科产生兴趣。

把孩子的兴趣也当成你的兴趣

"我不想学了！"这天，练琴的时间到了，皓皓却跟妈妈吵着不想练。

"钢琴也是你当初又哭又求的说要学，我们才让你学的，现在怎么又不要了？"妈妈反问皓皓。

在培养兴趣的过程中，愈探究难度愈高，对于孩子们来说，或许真的会产生学习上的障碍。此时，不妨观察孩子对此事是否还有一定的兴趣，如果孩子对这件事还有兴趣，只是因为一时的困难无法跨越而想放弃，那么，就可以针对"如何克服困难"来协助孩子。

孩子做起事情来，因为不像大人一样有足够的定性，常常容易三分钟热度，此时"和孩子共同拥有兴趣"是让孩子坚持下去的方法之一。

我认识一位妈妈，采用的方法是，把孩子当成老师，请孩子教她弹钢琴；另一位妈妈在孩子弹琴时，会用心聆听并给予孩子鼓励，这也是一个和孩子共同拥有兴趣的方法。这个方法，让孩子在兴趣之中多了一个陪伴者，因为喜爱这个陪伴者，促使孩子想分享的念头，而陪伴者更可以扮演"引荐"的角色，引导孩子看见兴趣中的好玩之处，甚至在孩子遇到困难的时候，因为有大人的陪伴和鼓励，而多了一些坚持下去的勇气与力量。

你的孩子有兴趣吗？请多了解孩子的兴趣在哪儿，即使是"观察星星"，也能将这个兴趣变成"我们一起持续地观察天空"，如此，当孩子觉得自己的兴趣受到认同时，自然会朝着这个目标前进。

给孩子尝试的机会，他才能勇于尝试

对于孩子来说，"这个不行、那个不可以"、"这个妈妈帮你"、"那个妈妈来做"的教育方式，可能会让孩子对新事物较不敢尝试，影响日后的生活学习能力。

某天，在友人闲聊当中，听到她提起自己的小孩："我那宝贝女儿，从小个性活泼、外向又敢秀出自己，哪知道上了小学以后，就渐渐地畏缩，更别提到了中学时期，她开始出现'上台、考试恐惧症'了……"

当父母亲发现，个性一向勇往直前的孩子，不知从何时起，大胆的性格逐渐退缩；在这个时候，应该如何帮助他们呢？

先从年龄最幼小的孩子说起吧！

许多人说："从小开始训练"，有时在某些事情上，别太保护小孩，这种做法，是勇气的最佳催化剂。

放手，让孩子从做中学

现在的公园里大都有合格的安全游乐设备，如多功能的溜滑梯、玩具小马、跷跷板等。在一个风和日丽的下午，我又来到公园，和我几乎同时间踏进公园里的，是两个带着近两岁小孩的妈妈。

甲妈妈一到公园，就坐在旁边的椅子上看报纸，偶尔抬起头来看看孩子在做什么，她的孩子不管是上楼梯或溜滑梯完全都自己来，满脸的笑意让人也感受到他的快乐。

乙妈妈呢，虽然也让孩子自己上楼梯，但是当孩子开始溜下来时，她就会伸出双手，扶着孩子溜滑梯……

亲爱的爸爸妈妈们，你是前者还是后者呢？

"这个不行、那个不可以"、"这个妈妈帮你"、"那个妈妈来做"的教育方式，可能会让孩子对新事物较不敢尝试，影响日后的生活学习能力。

尝试当然会有失败的时候，此时不也正是孩子从失败中站起来"再试一次"的机会教育吗？"从做中学"这几个字，各位应该都听过，只要不是太危险，不妨放手、放心地让孩子去尝试吧！

让孩子阅读探险家的故事

坊间有许多优良读物，如：《儿童世界名著》、《世界优良少年名选》等，这些书籍都是以系列为主的套书，每本书中的故事都包括多种不同的主题，带给孩子们不同程度的启发。

当您的孩子个性偏向容易怯懦、不敢轻易尝试各种事物时，不妨借由这些给儿童、少年，甚至是青少年看的书籍，在他们的国度里，使用他们的语言，激发他们的想象力……让书中主角的表现刺激您的孩子。

如《辛巴达历险记》当中，出身穷困的小市民辛巴达，在偶然的机会下，因缘际会地替他同名同姓的富商辛巴达出海航行。在途中遭受到许多意外事件，为了要解决问题，让原本个性胆小如鼠的他，变为勇气十足的"水手辛巴达"。于是，善用自己聪明机智的辛巴达，终于在辛苦的探险旅程结束之后，为自己带来了许多荣耀与财富，同时受到国王的赞赏与重用。

其他，如《阿拉丁神灯》、《哥伦布航海记》、《探险家阿蒙森的故事》，都是具有催化作用的故事。

当孩子阅读完一篇文章时，别急着要他写出心得，可以利用和孩子互相讨论的方式，趁机看看自己的孩子最受故事的哪个部分吸引，并将讨论的话题渐渐转移到日常生活中，再"预设机会"，如："宝贝！下次在上课的时候，若是老师要找同学来回答问题，你愿不愿意试看看呢？你看这些故事中的主角，原本都不是那么厉害，也不是什么都不怕的呀！所以，你要不要也像他们一样，试着让自己变勇敢呢？"

当你的孩子慢慢被引导而愿意尝试的时候，请记得与老师沟通联络，给孩子适当的帮助和表现的机会，相信在成长的过程中，你的孩子将会慢慢地进步、渐渐地茁壮！

当孩子失去勇气时，不强迫

有时候，孩子会失去勇气，不愿再尝试。

此时，与其一味地要孩子继续前进，或是采激将法告诉孩子"怎么那么没用"，都不是好方法。

孩子会失去勇气，必定是有不易克服的心理原因，爸爸妈妈不妨先同理孩子，再问问孩子为什么不愿继续？并从中找到解决方法。

假如孩子对于事情十分排斥，此时爸爸妈妈能做的，就是给孩子喘息的时间和空间，或许孩子在过了这段时期后，对事情就不那么地排斥，此时，即使是一点点的小尝试，也请给孩子大大的鼓励和赞美，让孩子有继续前进的勇气。

与其担心，不如一同了解

当孩子对于某件事好奇、想尝试，而这件事又刚好是你不晓得该不该禁止的事时，那么与其禁止，不如深入了解，并从中建立"让好处多于坏处"的方法。

有时候，父母会禁止孩子接触父母未接触过的事情，认为会产生不良影响。如网络（会交到坏朋友）、电玩（会玩到忘了课业）、玩沙（会弄脏衣服）、玩水（会溺水）……却没有想过，一味地禁止孩子的好奇，除了会磨损孩子尝试的勇气，更会错失许多好东西（例如：上网可以搜寻到实用的数据，电玩可以训练组织能力，玩沙可以交朋友与训练空间感、结构性……）。

孩子，从对所有事情一知半解到深入了解，必定需要一段时间的累积。

就像是一块海绵，会不断地吸收、膨胀，却又能够在适当的时机中释放能量；好比我们将吸收过多水分的海绵，挤压成原来的大小体积一般，当孩子有某种程度的组织能力时，自然会筛选保留学习过的知识，或者淘汰他不想吸收的讯息。

此时，大人们的从旁辅助，将可以帮助孩子做更正确的选择。

所以，父母真正该做的是，当孩子对于某件事好奇、想尝试，而这件事又刚好是你不晓得该不该禁止的事时，那么与其禁止，不如深入了解，并从中建立"让好处多于坏处"的方法。在此以电玩、网络为例……

放学时，二年级的小华主动向我打招呼。

小华，是一位个性热情活泼，乐于助人的孩子，平日与他聊天时，得知他对学科完全不感兴趣，对计算机游戏倒是如数家珍。

这天，小华和我打了招呼后，很高兴地说："我爸爸答应我，回家后就可以一直玩计算机，我要赶快回家啰——"

看着小华兴奋的眼神,我心想,该说些什么才好呢?

小华的爸妈都工作到很晚才回家,或许对于他的爸妈来说,孩子能够待在家中不出去乱跑,唯一的方法就是让孩子玩计算机。

"记得别忘了要让眼睛休息喔!"我叮咛小华。

"OK——"狂吼一声之后,小华开心地跑走了。

计算机,是科技的优质产物,有了它,为人们节省了许多时间,只不过,当新闻媒体一再播出"少女上网交友不慎……"、"情色网站污染学生……"时,家长们开始担心计算机引发的种种危机。

许多时候,孩子会趁着父母看不到的机会偷偷上网;但是有更多的孩子,会利用父母对计算机的一窍不通,假借做报告或练习玩计算机的名义,在上面玩游戏,耽误了课业。

此时,若家中有计算机,除了将计算机放在"公共区域",还可以让孩子在上过计算机课之后充当老师,教爸爸、妈妈,甚至教爷爷、奶奶(记得喔!要给予孩子适当的奖赏)。

若家中无计算机,孩子可能会要求:"我要到某某同学家做计算机作业!"此时,父母若无法陪同,也请孩子留下同学的联络方式,并明定回家的时间。

此外,也不妨了解、学习孩子最常使用的软件或游戏。

有一位朋友,工作上不必使用计算机,也很排斥计算机,没想到有一天,她发现女儿在网络上认识了很多"超龄"的男性,于是开始学着了解Facebook是怎么一回事,进而跟女儿有了话题可说。

另一位朋友,则是在孩子开始学习计算机之前,就与孩子约法三章:一、写完作业才能玩计算机游戏;二、以三十分钟为一单位,要离开计算机桌,起来走动,让眼睛休息;三、若要上网,先把原因和要上的网站告知父母,大家一起来讨论。

　　朋友认为，从孩子小的时候，就让孩子知道"如何用计算机"、建立"正确健康的网络使用观念"，孩子长大后，在使用计算机时也会有一定的界限，同时，也可与孩子共同徜徉在计算机世界里，享受高科技产物带来的乐趣！

鼓励之外,适时赞美也很重要

赞美的目的是让孩子更好,适当、适时的赞美绝对是必要的,但溢美之词,为了赞美而赞美,就显得多余,且可能会出现反效果。

一岁的孩子在学走路时,爸爸妈妈通常会给予莫大的鼓励:"来,再走一步!"当孩子又跨出一步时,会适时地来一句"很棒、很好!"虽然孩子并不见得听得懂大人在说些什么,但却能从爸爸妈妈的表情及语气中感受到鼓励及称赞,于是,孩子"咯!咯!咯!"快乐地笑了!

在许多奶粉广告中,都曾经采用过上述的画面。

其实,爸爸妈妈们在孩子刚学走路时,的确都不忘鼓励与赞美,但是当孩子日益成长,鼓励及赞美却愈来愈少了。有的家长以责怪来代替鼓励,有的家长虽然不忘鼓励加油,却独漏赞美,其实,鼓励与赞美是住在同一屋檐下的,爸爸妈妈们可别顾此失彼!

赞美,是语言上的奖品

赞美,是一项艺术。

当孩子有进步、做得不错时,别忘了请看到孩子的好,不吝于给句赞美。

提到赞美,妈妈们不妨回想一下,当你今天刻意煮了一道色香味俱全的菜时,老公说:"今天的菜不错!"跟说:"这道菜真好吃,能够做得出来,真是不简单呢!"哪一句称赞会令你更高兴呢?

想必当然是后者吧!

原因在于,前者只是着重结果,而后者却连过程带结果地一并赞美进去了。同样的,对于孩子来说,不同的赞美方式,效果也不同。

不论是大人或小孩,赞美都是一种艺术。

你一定不喜欢矫情或为了赞美而赞美,同样的,孩子也是。在赞美孩子时，请以孩子的"精神"为主，并具体说出实际的情况。比如，当孩子花了一个半小时完成画作时，可以告诉孩子："要完成这幅画，需要很多的耐心，但是你做到了，真棒！"

或者，当孩子被同学取笑，即使很生气却能忍住不动手时，也值得赞美："今天他们那样取笑你，我知道你很生气，但你可以冷静地不动手打人，真的不容易啊！"

黄河醒老师在著书中提到美国曾经发表过相关研究结果。将孩子分成两组，对第一组说："你好聪明，你是天才，你是最棒的！"对第二组则说："你很有毅力，遇到挫折还能继续奋斗，你经由努力得到了别人所得不到的成果，你真的很棒！"

如此长期用两种不同的赞美方法对待两组孩子之后，研究人员发现，第二组在情绪及毅力方面都比第一组的表现要好。

从这个结果中，我们可以了解到，即使是赞美，也要有技巧，而不是光用好听、动人的词句而已，更重要的是让孩子了解赞美他的原因。

赞美也要有限度

在许多类似介绍男女配对的节目中，主持人常常会问起男女主角为什么会和以前的恋人分手，追究原因，竟然有很多人的回答是："对方太好了！"

初听的时候，或许会觉得这些人真是"身在福中不知福"，人家对你好，你还不懂得珍惜。但仔细想想，如果一个人什么事都顺着你，什么事都早先一步替你安排得好好的、将你伺候得无微不至，久了之后，或许真会让人对于这样的好感到疲乏。

赞美也是同样的道理。

当一个人天天被赞美、时时被赞美，就不觉得赞美有什么稀奇了。这与当一个人健康的时候，不会了解生病的痛苦；当一个人呼吸顺畅时，不会觉得空气有什么重要，道理相同。

赞美的目的是让孩子更好，适当、适时的赞美绝对是必要的，但溢美之词，为了赞美而赞美，就显得多余，且可能会出现反效果。因此，父母们在赞美的同时，如果让孩子有"又来了"、"真是老套"、"我都知道妈妈要说什么了"的感觉，那么孩子就不会将赞美当作一回事了。

"中庸之道"常被企业家用来处理许多事，对于赞美，也同样适用。

Part 5
给孩子思考、选择的机会

一个人，要能够为自己负责，很重要的基础便是——他会思考，并且有选择的能力。

我们从小到大，面临着许许多多的选择，却不见得能够经常做出有自信的决定。

其实，要能够做出对的思考，才能够有对的选择，因此，我们要从生活中教孩子如何判断事情的严重性，如何做出比较好的选择，而且要给孩子"想想看、选选看"的机会。

培养孩子选择的能力

当孩子试着下决定时,父母以鼓励的姿态出现,要比干涉的姿态令孩子觉得有安全感,这么一来,孩子就不会因为害怕自己的决定会让父母责骂、嘲笑而不敢下决定。

一位朋友在专科任教,大叹:"现在的学生和以前很不一样啰!"

"怎么说呢?"

"他们可以为了追逐偶像不来上课,为了赚钱买新手机将打工变主业、学习变副业,再看看他们穿的衣服……"朋友一一细数,觉得孩子们似乎变得很快。

孩子爱偶像不爱父母、注意外在不注重心灵,以及赚多少花多少的金钱观,的确是现代父母头疼的问题,再加上人手一机、网吧的盛行,使得父母更搞不懂孩子到底在想什么?

因此,从小就培养孩子选择的能力,成就孩子正确的价值观,是爸爸妈妈不容忽视的课题。

提供孩子练习做决定的安全感

什么是好? 什么是坏?

在孩子与成人的眼中,对于好坏的界定不见得相同,当问题出现时,孩子的决定将会影响事情的结果。

关于做决定,倡导"家人共同成长"信念的吴娟瑜老师在著作中提到:"安全感是训练孩子做决定的首要条件。"

吴老师更进一步提出,所谓的安全感就是"在孩子练习自己做决定,并且为自己的决定负责的过程中,不论结果如何,都不该担心被指责。如果成功了,可以和父母分享;如果失败了,也有共同探讨原因的机会"。

孩子会下怎么样的决定，与他们从小所接收到的父母的态度有着极大的关系。因此，当孩子试着下决定时，父母以鼓励的姿态出现，要比干涉的姿态令孩子觉得有安全感，这么一来，孩子就不会因为害怕自己的决定会让父母责骂、嘲笑而不敢下决定。于是，就在一次次"从做中学——从错误的决定中学习到正确的决定"中，孩子将更有能力来为自己做出较好的决定。

会思考的孩子，才能做出正确判断

孩子所做的决定，不见得是对的判断，这时该怎么办呢？

前面提及，亲子间"共同探讨原因"是很好的方式，除了失败经验可拿来共同探讨外，平常有机会，爸爸妈妈也可以利用共同讨论的方式，来引导孩子思考，进而做出对的判断。

例如，媒体之间的强烈竞争，让孩子看到了大千世界，也带来不同的价值观，因此，当看到广告或新闻时，父母不妨与孩子聊聊："你觉得瘦就一定好吗？""有钱的人最大吗？""没有 iPhone 的人就一定很逊吗？"

孩子的判断力，多半从生活经验中得到。

著名的心理学家皮亚杰（Piaget, J.）曾经对孩子们说了两个故事，并且请孩子判断哪一件事情比较严重。故事之一是这样的，有个孩子在开门的时候不小心撞到了椅子，使得放在椅子上的茶盘掉落，而十五个茶杯也因此碎了一地；故事之二是，有个孩子想要偷拿果酱，结果不小心碰到了一个茶杯，结果这个茶杯也摔破了。

结果，年纪小的孩子多半选择前者，而年纪较大的孩子则倾向后者，可见得孩子的判断力是会随着年纪及成熟度而改变。

爸爸妈妈们首先要相信孩子能够做正确的判断，并且不要害怕孩子会判断错误。有尝试就有经验，有经验就有心得，当孩子判断错误且看到失败的结果时，孩子的心中一定也充满着懊恼或后悔，此时，爸爸妈妈可以提供解决、补救的方案，鼓励孩子下次做出正确的判断，让孩子日后能够从对的判断中来下决定。

引导孩子说出自己真正的想法

学者卡瓦克斯（Kovacs）观察到，孩子通常不太会主动告诉别人自己的感受，如果有人问起，也可能只会视大人所问的问题来应付一番。因此，即使孩子会的字不多，也要尽量引导孩子说出自己真正的想法，是有效沟通的一大法宝。

生活中，很多误会都是因为沟通不良所产生的，明明是无心的一句话，对方却认为你在讽刺他。这类"鸡同鸭讲"的情况当然能避免就尽量避免。因此，孩子如果从小就能正确地说出自己的想法，当他与人沟通时，就能确切地表达，而不会出现"别人听不懂"的问题。

此外，肯对父母说出真心话的孩子，也表示对父母比较信任，亲子之间的关系必然会更好。

学者卡瓦克斯观察到，孩子通常不太会主动告诉别人自己的感受，如果有人问起，孩子也可能只会视大人所问的问题来应付一番。

因此，即使孩子会用的字不多，也要尽量引导孩子说出自己真正的想法，是有效沟通的一大法宝。不过，在希望孩子说出真心话前，爸爸妈妈除了要常常与孩子聊天外，也必须自修下列两项功课。

当父母想要孩子做某件事时

父母和子女间的互动是非常频繁的，当父母说"要"、孩子说"不"的时候，常常令许多父母头痛。假如只是一味地使用强行手段或威胁口吻，甚至打骂孩子，让孩子不得不照着父母所说的去做，将来孩子长大了，还愿意向父母说出真心话吗？

所以，平时当爸爸妈妈想要孩子做某件事时，可以从建议或商量、讨论的角度着手，例如："宝贝，我想要和你谈一件事"，或者"妈妈有一件事想听听你的想法"，孩子听了，会觉得自己受到尊重，接着，再提出问题，并说明原因,引导孩子做出决定。

在此还有两点必须注意,当父母告诉子女要"谈一件事"时,就只谈一件事,不要说一堆事,不然下次当你再开口说要谈一件事时,孩子的心中就会预先存有"又要唠叨了"的印象。

此外,在沟通时应避免"强迫"式地告诉孩子"你不可以……",而是以积极的角度说:"你可以……""你觉得……",让孩子感受到你的好意劝说,否则,这次的沟通恐怕还是徒劳无功。

当孩子不满时

孩子一定会有不高兴的时候。年纪较小的孩子,并无法察觉到自己不满的情绪,而是会将不满直接表现出来,此时千万别怪孩子,毕竟他们对于情绪的感受并不强烈。

当孩子不满时,动作可多啰!轻者是皱起眉头、噘着小嘴,而心急的孩子可能会打人,有些小孩则会大声抗议表达他们的不满。无论如何,当孩子不满的情绪出现时,爸爸妈妈首先要扮演听众的角色,专心聆听孩子为何不满,即使事情如芝麻般那么小,爸爸妈妈也不能露出轻视的表情,因为,孩子所在乎的,真的就是那些大人认为没什么的事。

那么,当孩子说出他的不满时,爸爸妈妈要怎么做呢?

此时,爸爸妈妈的决定是非常重要的,如果孩子被骂,或是觉得不被尊重,下次便不会说出真心话了。

根据统计,孩子大部分的不满来自于"不公平"、"不满足",父母如果在处理的时候能以公平的态度,并询问孩子:"妈妈觉得这样做很好,你觉得呢?"孩子就会感觉受到尊重,并同意父母的处理方式。当下次遇到事情,还是会找父母求助,父母也会在一次次的沟通中听到孩子真正的想法!

有主见的孩子会说"不"

其实,孩子有主见,就表示他会想、会思考。没有选择权的孩子,等于没有思考权,所以即使在大人眼中,像吃饭、穿衣等鸡毛蒜皮的小事,也可以让孩子练习选择。

在孩子成长的阶段,父母会发现,有一天,昔日什么都说"好"的孩子,开始变成会说"不要"的小孩。

当孩子开始会说不要时,也就表示孩子正在培养"我"的观念,正在学习思考。同时,也是让孩子建立思考逻辑与模式的时候。

偏偏,当孩子说不要时,常常与父母的想法相反,如此一来等于是挑战父母的忍耐限度,于是,有些父母受不了,开始用打、骂来压制孩子,让孩子不敢说不要。

当孩子渐渐长大,或许不再被打,父母们却很容易说出"五大影响孩子思考力的句子",分别是:

"不听老人言,吃亏在眼前!"

"听我的就对了!"

"我吃的盐比你吃的饭多!"

"我是为你好,我的话你要听!"

"你敢说不要,试试看!"

亲爱的爸爸妈妈们,你是否经常对孩子说上述这几句话?

如果是,孩子也真的对你的话言听计从,那么,孩子只不过是跟随着你的思考、照你选择的做,这么一来,怎么可能教出会思考、会做选择的孩子?

因此,如果希望孩子成为一位会思考的人,关键点在于,身为父母的你愿意开始思考。

不马上判断,孩子才有机会建立自己的"主见"

当孩子说出他今天发生的事情时,父母们立即的反应是什么?

是立刻告诉孩子:"你可以这样做,那样做……"?

或是判断:"你这样做是不对的"?

有时候,孩子只是想与父母分享,然而,原本分享的喜悦,却被父母的"要这样做、不能那么做"而中断;一旦孩子发现他所说的事情,都被父母拿出来做成"乖孩子、坏孩子"、"对、错"的结论,你想,孩子还会愿意分享吗?

一旦孩子不愿意分享,父母就更难了解孩子在想什么。

下次,当孩子跟你说着当天发生的事情时,即使你想批判,也请转为"温暖的问候",有时,只需要点点头响应孩子;有时则是问孩子:"你有什么想法?""这件事给你什么样的感受?开心吗?""你觉得这样子做好吗?"如此一来,就可以增加孩子思考的机会。

告诉孩子:"这个问题没有标准答案"

一位老师感叹地说:"太多家长希望孩子短时间就能学好一件事,就连思考也是。"

孩子光是从出生到会爬,就需要一定的时间,各种学习都是如此,思考更是。希望孩子有思考的能力,平日就要给孩子思考的机会与空间。

任何时候,都可以问孩子各种问题,并尽量问开放性的问题。

一位朋友在孩子眼中,已经塑造起"爸爸最大,爸爸说了算"的形象,所以每当朋友问孩子问题时,孩子不是不敢回答,就是照着朋友喜欢的答案回答。

后来,朋友在听了一场演讲后,发现自己过去的做法会扼杀孩子的思考能力，于是想重新与孩子建立正向的关系。

他采取的方法就是，在问问题之后立刻告诉孩子："这个问题没有标准答案。"

一次、两次、三次，孩子刚开始时，还担心说错话会被爸爸骂，后来发现爸爸不但愿意听他说，还会称赞他"有想法喔"，久了之后，孩子也就更乐于思考，也勇于表达自己的想法。

没有选择权的孩子，等于没有思考权

小琪，是一位活泼的女孩子，刚认识她的时候，有时还会被她捉弄。那时，如果问她问题，她都会表达自己的想法，但是一年后再见到她时，她却跟印象中非常不同。

最大的差别就是，以前的小琪，是不会说"随便"这两个字的，现在问她什么，她的口头禅不是"随便"，就是"都可以"，不然就说"你决定就好"。

与小琪的妈妈聊天时，也听说，小琪不论是"晚餐吃什么"、"选红色还是绿色"这类小事，或是"要不要继续学钢琴"、"觉得英文家教如何"这类大事，都完全不表示想法，完全要别人决定。

为什么会这样呢？印象中的小琪，明明是个很有主见的孩子啊！

原来，小琪的爸爸十分严格，总认为"日常生活的小事，大人决定就好，小孩不必有意见"，久了之后，小琪也觉得什么事父母决定就好，失去了思考与选择的能力和权利后，即使到了学校，小琪也告诉同学说"随便"、"都可以"。

其实，孩子有主见，就表示他会想、会思考，即使在大人眼中，像吃饭、穿衣等鸡毛蒜皮的小事，也可以让孩子练习思考与选择。

就从日常生活中，让孩子学习思考吧！当孩子做出选择时，多了解孩子"为什么这样选"，听听孩子的思考逻辑，孩子也可以从"学习选择"中，更加了解自己。

与孩子共同选择电视、电玩

适度看电视是不错的方法，一方面，可以借由与孩子讨论"看哪些节目"，来了解小孩的喜好并共同观赏，假如觉得不妥，也能适时地与孩子沟通。如此，既能控制孩子看电视的时间，又能了解新一代的想法，何必一定要关掉电视呢？

与许多妈妈聊天，常常可以听见这类的对话：

"我家宝贝昨晚看卡通看了三个小时。"

"别说了，我家那个才糟呢！玩 game 玩到十一点才肯上床。"

由于信息的发达，让装有数字电视的家庭，二十四个小时都有节目可以看，于是，看完卡通看新闻，看完新闻看连续剧，连续剧之后再来个 HBO。

如果再加上电玩，孩子的视力与学习就在一连串的电视、计算机中消磨殆尽，真正的作业却空在那里，疲倦的大脑也一再告诉自己想睡觉的信号。日复一日、恶性循环，当孩子变成电视、计算机儿童时，想挽救可是需要花更多的心力，倒不如趁早开始对孩子实施电视、计算机教育吧！

能察觉对节目的感觉，将来才懂选看好节目

你的孩子现在最迷哪一种电玩？哪一个节目？

一位妈妈担心地说，她发现最热门的卡通中，或多或少会出现暴力、恐怖、开女性玩笑，或是对于金钱有着错误描述的情节。

"可是，一旦禁止孩子看，孩子又会超级不高兴。"这位妈妈无奈地补上了一句。

"电玩也一样。"另一位妈妈说。

记得大女儿小学前，我家连电视都没有装，很多朋友听了都觉得不可思

议,接连问我"时间如何消磨?""小孩不会吵着要看电视吗?"

虽然,我没有让孩子看电视,却不代表孩子完全没有类似的娱乐,只是,我以 VCD 来代替电视而已。

当时,我选择的 VCD,可分为"卡通类"和"知识学习类"。

卡通类有描述阿尔卑斯山女孩的《小天使》,好笑又天真的《樱桃小丸子》,充满创意又能引起食欲的《小当家》,借由足球赛来感受团队精神、从失败中乐观站起来的《足球小子》,及其他林林种种的世界名著卡通。

知识学习类的以《了解大自然》或《唱唱跳跳》较多。

卡通类的 VCD,大都是我们这一代就曾经看过的,故事清新感人,画面的处理虽然不如现代卡通刺激,却也让孩子一看再看,回味无穷。(即使大女儿已经十一岁,在暑假期间,我们全家仍然会一起看这些卡通。)

当然,孩子在家中虽然看的是"妈妈牌卡通",但到了外面,一定会看到电视上的节目,这也无妨,刚好可以与孩子讨论两者的不同,让孩子思考,过去流行的卡通和现在风行的卡通,在情节的走向上,有没有什么不同? 优点和缺点在哪里?

此外,如果看到对女性较不尊重的卡通情节,或是在开金钱玩笑的情节时,我也会问孩子:"有什么感觉和想法?"

当孩子从小就开始学习思考节目带来的感受时,将来会看的,也是他们觉得可接受的节目。

如果,你的孩子已经比较大,那么也无妨,只要抱着与孩子分享、讨论的心情,借由"为什么喜欢这一个节目?""你觉得这个节目好在哪里?""如果是你,会怎么为节目进行调整?"等问题讨论,孩子自然就会开始思考。

从孩子最喜欢的游戏讨论起

电玩,也是同样的道理。

　　老实说，我从小对于电玩并不感兴趣，但我相信电玩之所以吸引这么多人玩，必定有它的乐趣所在，于是，我在大女儿升小学三年级的暑假时，也让她开始接触电玩。

　　孩子升上小三后，有一天回家说，班上很多人都加入《摩尔庄园》，她也想加入，因为可以和同学在线遇到。

　　当时，我心中闪过的第一个念头是"这么小就要加入网络，不要答应"，后来想想，来了解一下所谓小学生喜欢的网站也无妨，于是一方面协助孩子注册，一方面看看孩子的同学们都玩哪些游戏。

　　过了一阵子，我问女儿："最喜欢哪一类的电玩？为什么？"女儿很高兴地将她常玩的游戏介绍给我，还要我也来玩上几局。

　　关于电玩，父母最担心的是孩子选择了不适龄的 game，或是一玩就玩上瘾。

　　对于这两个问题，前者可以装置"筛选系统"，但最根本的，还是教育孩子"选择适合的电玩"。

　　至于第二个问题，则是要让孩子学会时间管理，并学习思考玩上瘾之后的好处与坏处。

　　无论如何，教育孩子是需要时间的，但也可以在日常生活中进行，例如，当电视上出现较暴力或较煽情的广告时，就可以立刻与孩子讨论，给予孩子正确的观念。

　　有问题，才有思考的机会。
　　有交集，才有了解的机会。

　　今天，就从孩子最爱的电玩聊起吧！

和孩子讨论哪些节目可以看

对于大多数的孩子来说，会动、会出声音的电视，远比书本要来得有吸引力，尤其是，连大人都很难抗拒时，要孩子不被吸引是不可能的。爸爸妈妈如果没有以身作则少看一些电视，孩子当然会跟着大人看，于是就看出了许多"电视病"。

一位研究健康的美国专家塔克曾经针对"电视对儿童的影响"做了深入的探讨，他统计出孩子盯着电视的时间要比写功课、读书的时间更多，有的孩子因为边吃边看，吃出了消化毛病；有的孩子看到快餐广告，只喜欢吃炸鸡薯条。更多心理学家也证实了即使是婴儿，也能模仿电视中人物的喜怒哀乐。

在这样的情况下，好的能模仿，那么暴力的、色情的呢？

有的家长因为害怕孩子学坏，干脆不买电视；也有家长因为考虑到当孩子的同学下课时都兴冲冲地讨论着某部卡通或影集时，怕孩子被冷落，或者插不上话题，对孩子的人际关系有影响而买电视。

一位专家则认为，适度地看电视是最好的方法，一方面，父母可以借由与孩子讨论"看哪些节目"，来了解现在小孩的喜好，并共同观赏，假如觉得不妥，也能适时地与孩子沟通。如此，父母既能控制孩子看电视的时间，又能了解新一代的想法，何必一定要关掉电视呢？

看完新闻后，与孩子讨论时事

卫星数据的快速传递，使得我们在家中"打开电视就能知道天下事"，而为了争取收视率，新闻也成为各家电视台竞争的利器。于是，每隔一阵子就有跑马灯播报最新消息；每个小时有整点新闻可看；如果还嫌不够，干脆转到全时段新闻台……

正因为如此，许多令人恐惧、不安的消息会一再被播报，更多怵目惊心的画面一再重复，在这种情况下，即使是大人的心情都会受到影响，更遑论是稚龄的孩童。

有感于新闻的报道难以过滤，当孩子小的时候，我并不看电视新闻，而是每天到入口网站看看有哪些头条消息、明日气象或财经信息。一次听到朋友提起"又有某某人杀父"的事情时，心中乍然浮现"我似乎已经好久没听到这种社会消息"的感觉，也才发现原本担心社会乱象的不安及恐惧心理，竟然减少许多。

当孩子较大时，则会开始看电视新闻，目的是让孩子了解，当天有哪些重大新闻，而当发现接下来主播所播报的，都是砍杀类的"社会新闻"时，就会把电视关掉。

我这么说，并不是要大家别看电视新闻，而是要告诉各位爸爸妈妈，如果你现在正担心孩子看电视新闻会受到不良影响，不妨试试我的方法，或是转到以"清新、健康新闻"为号召的电视台，并且在看完新闻后，与孩子讨论时事，问问孩子对于新闻事件的看法，如此一来，不但能训练孩子的判断力，也可以训练孩子的思考力，一举两得喔！

陪孩子一起策划活动

参与活动,是团体生活的一部分,孩子可以从活动中体会到分工合作的优点,也能感受到举办一次成功的活动并不容易,此后对于别人所办的活动,将会更珍惜、感恩,而不只是批评别人办得不好玩!

小明放学回家后,发现妈妈在厨房里忙得不可开交,一会儿洗杯盘,一会儿又洗菜、切菜,小明很想向妈妈报告学校里的事,偏偏妈妈没空理他,还叫他不要站在厨房里碍事,害得小明难过不已。不久后他才知道,原来是晚上妈妈要请五位许久不见的大学同学来家里吃饭……

办活动,也是人际关系的一环。活动可大可小,与亲戚们聚会,是活动;亲子园游会,是活动;举办大型比赛,也是活动。只要有活动,就一定要有人做事前规划,好让活动完美。家长们在策划活动时,往往忽略了孩子的想法,其实,在孩子的成长过程中,如果能让他们参与活动的策划,那么对孩子的执行力及组织力,是很有帮助的,而且,当孩子了解这次活动的意义后,也会更乐在其中。

不只让孩子邀请,还要举办

孩子生日快到时,父母通常会问孩子:"后天是你的生日,想不想请你的同学来家里吃蛋糕?"当孩子说了"想"之后,隔天孩子就会去邀请同学,至于其他的事,大部分父母都会包办了。

在这个过程中,孩子的动作就只有"邀请",也不知道同学来到家中,会发生什么样的事?有些孩子以为父母会给他一个大礼物,或者准备很多很多的零食点心让他的同学吃得乐不可支,结果父母却真的只有准备"蛋糕"!

即使是生日会,父母也可以早几天和孩子讨论,"要不要做小卡片"、"准备哪些东西给同学吃"、"要让同学玩些什么"、"同学来家中的时间有多长"，甚至带孩子去选蛋糕，这些过程，都可以让孩子参与。

"如果要让孩子参与策划，是不是该举办与孩子相关的活动呢？"许多家长会有这样的疑问。

其实不然。

让孩子参与大人的活动，会使孩子有"妈妈也想到我"的感觉。小孩其实是很鸡婆又需要空间来"发挥自我"的，所以就算是大人的聚会，父母也可以事先问孩子："后天有某某人要来家中，你觉得妈妈做红烧豆腐好不好？"或是告诉孩子："阿姨要带小 baby 来，我们一起去选礼物来送给 baby 吧！"

假如要策划一次出游，可以问孩子："想去哪里玩？"、"要不要自己做三明治？"并和孩子一起做餐点。假如要举办跳蚤市场的活动，可以告诉孩子跳蚤市场的意义，并将摊位图拿出来给孩子看，问问孩子有没有什么好点子能让这个活动更成功？孩子有没有东西要"出清"？

参与活动，是团体生活的一部分，孩子可以从活动中体会到分工合作的优点，也能感受到举办一次成功的活动并不容易，此后对于别人所办的活动，将会更珍惜、感恩，而不只是批评别人办得不好玩！

先肯定孩子的想法，再考虑可行不可行

当父母在询问孩子"有没有什么建议"的过程中，要以很慎重的态度来面对，就算孩子的建议会让人莞尔一笑，或根本是不可能的事，父母都别显露出好可笑或荒谬的表情。若是父母有嘲笑孩子的举动，孩子会觉得父母不重视他，下次再问他时，他也不会愿意提供想法了。

最好的方法是，当孩子天马行空地建议这、建议那时，爸爸妈妈可以一一将孩子的建议记录在纸上，此时孩子因为受到肯定的鼓励，将会愈说愈多。当孩子将意见完全表达后，爸爸妈妈可以与孩子共同讨论哪些可行，哪些不

可行,并说明不可行的原因,比如"这样做会有某种危险"、"这个地方风很大,夏天去比较适合"。而遇到可行的意见时,爸爸妈妈要给予认同及肯定:"噢!很好,就这么办!"那么,即使十个意见中只有两个可行,孩子也会很快乐,因为,他的建议真的被你给采用啦!

与孩子讨论电影、音乐会及阅读的书籍

看完书与电影、听完音乐会之后的讨论,帮助孩子建立起分辨是非善恶的观念。

通过讨论,会听到不同的声音,同时也可以增进孩子的思考力。

看电影可不是大人才能做的事,自从迪士尼公司制作了一系列的动画卡通电影后,每到了假期,电影院里就充满了孩子的笑声。

当孩子年纪小时,理当是爸爸妈妈带着孩子去看电影,但是,当孩子年纪稍长,希望与同学一起看电影时,爸爸妈妈会怎么做?

我认识一位老师,他是这样与孩子沟通:"好的电影,要全家一起先看,假如真的想和同学一起看也可以,不过,得先跟家人看,再跟同学看!"

这位老师认为,好的电影中通常有许多含意,全家一起看,看完了再一道讨论,不但可以训练孩子说出自己的想法,而借着一次次的讨论,对于亲子间的互相了解也有所帮助,同时可以让大家对人生有新的领悟和见解。

除了电影外,音乐会及书籍也有相同的意义和作用。因此,在知道了共同讨论的益处后,如果随着电影、音乐会的结束而没有后续的讨论,岂不是很可惜吗?

讨论,建立起分辨是非善恶的观念

讨论的内容,必须随着孩子的年龄而改变。当孩子还在看卡通电影的阶段时,由于电影中会有好人、坏人、公主、王子、动物等,此时,正是建立"是非善恶"观念的机会。

爸爸妈妈可以在看完电影后请孩子说说这部电影在演些什么,当然,孩

子或许没有办法说得很清楚,此时,不妨用提示的做法,例如:"从前,在一个城堡里,住着一位?"孩子自然会说出答案,如此以接力说故事的方法,不但可让孩子动动脑,也能借着一个个的问题,让孩子体认什么事可以做,什么事不能做。

当孩子大一点,会跟着大人看内容深一点的片子时,讨论的事情可就非常广了,你可以问孩子:"假如你是里面的男(女)主角(配角),你会怎么做?"

一位朋友甚至会跟孩子讨论电影的场景、服饰,有时也加以讨论电影发生的背景年代等,一来可以从讨论中发掘孩子尚未被开发的兴趣、让孩子思考学科以外的事情,二来也可以吸引孩子主动想了解历史、地理。

先看电影原著再看电影

随着外国电影普及,许多电影原著也经由出版社翻译成中文而发行。

在学习中,"预习"是非常重要的一环。如果爸爸妈妈想带孩子看的电影有原著翻译,不妨先和孩子一起看原著,再带孩子看电影,也因此会发现有许多增删的人物、情节。

在电影后的讨论时间,也可问孩子:"喜欢原著或是电影?为什么?"

带着孩子听音乐会也是同样的道理,在听音乐会之前,不妨让孩子先了解相关信息,比如听的是《命运交响曲》,可以先让孩子了解贝多芬的故事、写这首曲子的背景,并先去唱片行找出这首曲子,放给孩子听。如此,孩子不但不会在音乐会中觉得无趣,还会期待下一个音符的出现。

听完音乐会后,不妨也问问孩子:"在音乐厅听音乐,和家里听 CD 有什么不同?""下次想听哪一场?""对哪一种乐器的印象最深?"等,让孩子对音乐有初步的启蒙。

用思考的心情，与孩子一起看考卷

考试，并不是要让孩子变成读书机器，却可以从与孩子一起看考卷的过程中，训练孩子思考的能力。

小微回家后就一如反常地躲在房里，吃饭时也没胃口，直到快睡觉时，还不愿意拿出联络本，小微的妈妈心知肚明："这孩子一定是没考好……"

每个孩子都有荣誉心，当成绩不好时，孩子的心中其实也很难过，假如爸爸妈妈又火上加油地开骂："你就是这么没出息！"、"这么简单的问题，你也会错！"、"你的头脑是糨糊做的吗？"这些负面又伤自尊的话，将会让孩子的自信心一点一滴地消失，甚至会自我放弃。

这样的情形，是身为父母的我们所乐见的吗？

当然不。

父母们都期待孩子有好成绩，我有一位长辈却对排名看得很开，他说："没有第二，哪来的第一？没有最后一名，哪来的倒数第二？"

太多孩子在小学时成绩辉煌，到了中学就一落千丈；也有小孩在小学时成绩吊车尾，到了中学竟然成为黑马一匹。而人生是漫长的，小学、中学考得好，也不见得以后就飞黄腾达。

考试，并不是要让孩子变成读书机器，却可以从"与孩子一起看考卷"中，训练孩子思考的能力。

考试的意义是什么？

考试的目的，是评量孩子对学校老师所教的内容，是否完全了解，并知道孩子还有哪一个部分没学会，而协助孩子加以订正学习。考试并不是用来让父母测量孩子"有没有出息"的工具。

其实，从成绩单上，父母可以看出很多线索，比如孩子的专长在哪里？孩子比较有兴趣的是哪一个部分？

同时，也可以问问孩子，觉得自己为什么有些科目比较强，有些科目比较弱？让孩子提早思考自己较擅长的部分。

我从小文科成绩都还不差，笔记也做得很好，还曾经被老师拿到别班当范本，偏偏遇到数学就没辙。有一次成绩发表，老师把我从座位上叫到台前，对着全班同学说："你社会考一百分了！"语毕，全班同学自然而然地鼓掌。

没想到，掌声方落，老师就又拿出另一张考卷说："可是，你的数学考不及格！"

听到老师的话，全班同学哄然大笑，我的心中虽然觉得很糗，却也没有怪老师，毕竟自己数学不好是真的，所以当下老师虽然打了我，我也不觉得有多痛！

虽然我的数、理一路不好到底，但是出了社会之后，我还是从事了我最喜欢的文字、策划工作，我想，人的兴趣和专长还真是从小就看得到的呢！

各位爸爸妈妈们，你家宝贝哪一科的成绩比较出色呢？除了学科外，还有术科喔！别忘了它的存在！

引导孩子思考"说谎"这件事

发现孩子说谎时，除了了解孩子为什么要说谎外，也可以引导孩子思考：说谎真的是最简单的吗？说谎的时候，心里有什么样的感受？除了说谎，有没有更好的做法？不说谎，是一种负责的表现，也因为不说谎，孩子才有机会去思考更多好的做法。

"爸爸——姐姐打我。"一天晚上，小咪委屈地跑来客厅，对着正在看报纸的爸爸投诉。

"有那么严重吗？姐姐是怎么打你的？"爸爸一把抱起小咪，以带点威严的语气说着。

"嗯……"小咪突然犹豫了起来。

"如果姐姐没有打你，可别胡说。"小咪的爸爸有意地看了小咪一眼。

上述的对话发生在我的一位亲戚家中，由于小咪与姐姐在房间里的对话，我和亲戚在客厅听得一清二楚，自然知道小咪的姐姐并没有打她。

虽然知道小咪"捏造事实"，但是，我的亲戚并没有给予太大的处罚，而是在对答中让小咪反省，并告诉小咪话不能乱说。

原本想来告状的小咪，反而被爸爸将了一军，只好乖乖地回房间反省了！

你的孩子会说谎吗？如果会，此时正是"机会教育"最好的时候，可以让孩子思考"说谎"这件事。

说谎，是再简单不过的事情了，只要说个谎就不会被骂，不必为自己做的事情再解释或负责。孩子基于种种原因，直接用谎言来为自己"开脱"。但大人都知道，只要说了一个谎，将来还要用更多谎来圆，在身心方面，都没有好处。

以身体来说，由于说谎时，身体的神经系统是十分紧张的，经常说谎的孩子，神经系统的调控力，也会受到影响。

在心理方面，习惯说谎的孩子，将来在人际关系上或自我的是非观念、荣誉感、思想认知上，也会出现不良的影响。

因此，大人在发现孩子说谎时，除了了解孩子为什么要说谎外，也可以引导孩子思考：说谎真的是最简单的吗？当说了谎的时候，心里会有什么样的感受？除了说谎，有没有更好的做法？是不是可以试着思考自己该怎么做，好好地解决事情？

不说谎，是一种负责任的表现，也因为不说谎，孩子才有机会去思考更多好的做法。

孩子说谎的原因，跟你我一样

孩子在成长过程中，难免会有说谎的情形发生。基本上，孩子说谎的原因不外乎：为了不被处罚、为了达到目的、为了吸引别人注意，以及为了掩饰过错等四种。

当父母们了解了孩子为什么要说谎后，就可以从各种角度来防范孩子说谎。在此，有几个方法可以参考：

一、让孩子有被爱的感觉：每个人都希望被爱，一个感受到被爱的孩子，就不会为了吸引父母注意而说谎。

二、自己千万不能说谎：假如孩子很容易就发现父母说谎，那么孩子当然会有样学样，跟着说起谎来。

三、不要过度专制：一些标准太高的父母会让孩子备受压力，当孩子怕自己没有达到父母期望时，也可能说谎。

四、尽量克制自己严惩孩子：当孩子做错事时，心中如果预期、畏惧父母对他严厉惩罚，就会常常以说谎来逃避自己的错误。

孩子在几岁时会开始说谎？当孩子说谎时，父母的态度将会影响孩子日后是否仍会常常说谎，因此不能不慎重。

如何面对孩子说谎

三岁的元元应该要上床睡觉，却借口肚子痛来引起妈妈注意。

五岁的晴晴没经过妈妈同意就拿零食吃，却说是妹妹吃的。

当孩子说谎时，关心孩子的父母其实不难看出来，因为刚开始说谎的孩子，通常是在情急之下说出来的，并没有所谓安排过的情节，而且在说谎时也可能会出现慌张、语意不详、眼睛不敢看着父母的情形，所以，一旦父母知道孩子在说谎时，绝对要做适当的处理，让孩子知道说谎是不对的。

毕业于社工系的廖清碧教授在著书中提到，当孩子说谎时，心中其实也正在责备自己，父母若不要将孩子解决问题的方法解释成说谎时，就会理解孩子正在为某件事烦恼，此时不妨问孩子："发生了什么事情呀？"

徐月娥老师则在著书中建议以平稳、坚定的语调告诉孩子。例如："我们很爱你，可是说谎是不好的行为，爸妈不能接受爱说谎的小孩。来，告诉妈妈，零食真的是妹妹吃的吗？"

通常，孩子在了解父母依然爱他时，会将事实说出来。

那么，说谎要处罚吗？

学者沈君山在文章《两个原则》中提到，说谎很容易成为习惯，对孩子往后的待人处世有很大的影响。因此，当孩子说谎时，他会让孩子了解：任何过错，只要诚实，处罚便会减轻。

说谎的人，常会因为用大谎圆小谎、更大谎来圆大谎，有时候"谎谎相连到天边"，会造成无法弥补的后果。孩子或许年纪小，无法体会这一点，但是父母可不能掉以轻心！

Part 6
培养孩子管理金钱的能力

世界上有很多东西是金钱可以买得到的，却也有金钱买不到的。本篇除了提供父母指导孩子管理金钱的方法，让孩子懂得为自己的金钱管理负责，也引导父母如何和孩子讨论"金钱的价值观"。

不以金钱贿赂孩子

父母们用钱来作为学习的奖励时，很容易让孩子将学习的重心放在金钱上，反倒忽略了学习的本质，同时，也给了孩子错误的价值观。

妈妈带着三岁的小明坐捷运，好动的小明耐不住性子，才坐没多久，就在捷运上跑来跑去。小明的妈妈眼看孩子成为众人注目的焦点，于是将小明拉住，附在他耳朵旁说："如果你乖乖坐好，妈妈就给你十元。"

想想看，假如小明在坐捷运时都表现出好动的一面，甚至在每一次到站时，门一开就往外跑，妈妈这个"给十元，让小明坐好"的策略，不但会惨败，还会瘦了自己的荷包。

更糟糕的是，小明因为从小就养成错误的金钱观，在"食髓知味"的情况下，长大后，会变成什么样子呢？

你的孩子用分数赚钱吗？

"妈妈，我有同学考一百分，就有一百块可以拿耶！"小学二年级期中考后，大女儿这样告诉我。

"哦？！"顿时，我愣了一下。

这个情况，在我小时候从来没听过，没想到现在女儿有不少同学的家长，会用钱来鼓励孩子考高分。

"那你有什么想法呢？"我问女儿。

"我觉得他们好好喔——"女儿接着说："如果是我的话，那不就有好多好多的一百块可以拿了！可是，我都——没——有。"

听得出来，女儿十分羡慕同学的际遇，但也知道我的价值观，所以就用同学的例子来试试看我会怎么回答。

我想，有不少爸爸妈妈跟我一样，觉得怪怪的吧？为什么考试考好，要给孩子钱？考试又不是工作？分数，不就是用来评量孩子学习的情形，跟钱一点儿关系也没有呀！当父母们用钱来作为学习的奖励时，很容易让孩子将学习的重心放在金钱上，反倒忽略了学习的本质，同时，也给了孩子错误的价值观。

于是，我问女儿："你觉得，考试是为了什么？"

女儿说："是为了看我有没有学会。"

再一次确认女儿的想法后，我们也结束了这个话题。

当小女儿上小学后，同样的情形又发生过一次，这次，大女儿也加入了讨论的行列，小女儿很快就明白个中的道理。

或许有家长认为，学校或安亲班，不也用"奖学金"来鼓励孩子吗？

奖学金由教育机构发出来，跟从父母手中给，有着很大的不同，尤其是"助学奖学金"的设定，并不是以"分数=金钱"为导向，出发点也与"考一百分给一百元"有着极大的差异。

做家事赚钱，好吗？

有一次，几位妈妈聚在一起讨论该用什么方式给孩子零用钱时，一位从国外回来的朋友提到，她居住的小区里，不少小学的孩子，会做点小活儿来赚钱（例如，帮助邻居整理庭院）。

此时一位妈妈说，她会将家事分类，不同的家事给的钱不同。比如倒垃圾给十元，扫地五元。这位妈妈提到，原本不爱做家事的孩子，因为有了金钱的动力，会抢着要做家事。

关于"要不要让孩子用做家事赚钱"这个话题，在父母圈中一直有着不同的意见。说真的，我家小孩也不爱做家事。因此，我也曾经犹豫：到底要不要让孩子通过做家事换取零用钱？

几经思考后，我觉得，家事是家庭生活的一部分，生活在家里面的每一个人，为了让每日的生活环境与质量更好，应该一起努力才对，怎么能把家事变成赚钱手段呢？我不想这么做，于是找了一天，跟女儿们讨论"做家事"这件事。

我问女儿："你们觉得，一个家庭有多少种类的家事？"

女儿回答："就扫地、洗衣、倒垃圾、洗碗、擦桌子啊！"听起来家事不多的口吻。

接着，我将女儿漏说的家事补上，然后告诉她们："这些事情并不是一个星期做一次而已，林林总总加起来就不少。"

未待我说完，大女儿立刻添了一句："我有很多功课要写，要念书。"

"所以啊，你有功课，我们有工作，不是吗？"我告诉大女儿。

大女儿沉默了一会儿，思考之后回答："好吧！那我就擦桌子。"

我摇摇头："这是妹妹目前在做的事——"

"不然，我负责倒垃圾或洗碗好了。"大女儿回答。

不过，因为住家这边垃圾车来的时间较晚，最后演变为"大女儿和我轮流洗碗"，垃圾由先生负责倒，小女儿则天天擦桌子。

其实，我自己也是一个不爱做家事的人，所以我可以体会孩子的心情。但是，我相信做家事可以让孩子更有"家庭归属感"，和孩子一起做家事的过程中，感觉家真是"我们的"，也可以训练孩子独立、灵活手脚的能力，所以，家事还是全家一起来吧！

无论将金钱用在何处，父母亲一定要注意，千万不要养成一种动不动就用金钱来赏罚孩子的习惯。因为，当孩子的金钱观一旦被扭曲变形之后，将来不仅要花费更多的精力来纠正，还可能在教训尚未成功之前，就遭受小孩理直气壮的反击："你自己就是这样！"的窘境！

从小学理财，长大才不会理错财

从小到大没人教过我们如何管理金钱，长大之后有了工作和家庭，才开始翻理财杂志、看投资节目……有时候苦寻理财无方，却也不见得能够把钱财理得好。如果能够在小时候，就建立起金钱分配与储蓄观，该有多好。

二年级上学期，女儿班上举办"小区巡礼"，其中一站是到超级市场买东西。

老师规定每人最多带一百元，到了超市后，每个孩子的用钱方式一览无余。有的孩子想尽办法将一百元花完；有的孩子买了一包零食后就停止购买；也有孩子与同学"合购"；还有孩子会"怂恿"同学请客。你的孩子，属于哪一种类型呢？

买东西时，顺便金钱教育

无论是到超市购物、上餐厅吃饭，平日带孩子出门时，就是实行金钱教育的最佳时机。

比如，在购买食物时，让孩子知道食物的价格，或是拿钱让孩子付给老板，增加孩子对于食物价格的概念。

又如，在提款机十分普遍的现代，孩子从小就看到父母从机器中拿到钱，对于提款机可能有不切实际的了解，因此，当孩子较懂事时，就可以向孩子解释"为什么可以从提款机中提取现金"，并说明工作、存款账户与提款机的关系。

给孩子零用钱，孩子才能学会聪明用钱

亲爱的爸爸妈妈们，你给孩子零用钱吗？

说到零用钱，有些人认为"孩子需要用钱时再给，何必平常给零用钱？"

也有家长说："小学生没什么花费，不必给零用钱。"一位妈妈甚至说："这么早给小孩子钱，小孩又不晓得怎么用，反而会教坏小孩。"

说真的，在你我小的时候，父母应该也不太会给零用钱，毕竟是小孩子，需要用钱的时候再说就好。然而，我们是不是也发现，从小到大没人教过我们如何管理金钱，长大之后有了工作和家庭，才开始翻理财杂志、看投资节目……有时候苦寻理财无方，却也不见得能够把钱财理得好？

其实，如果能够在小的时候，就建立起金钱分配与储蓄的观念，长大之后，也可以减少"理错财"的概率。理财专家就曾提到，给零用钱的意义在认识钱的价值，为孩子们想要的东西做投资或分配。我也觉得，与其当孩子需要钱时就给钱，不如直接给孩子零用钱，让孩子早早学习如何理财。

于是，在女儿一年级下学期时，我开始给女儿每星期十五元的零用钱。这十五元，要分成三份。第一份五元，放在小猪钱筒里存起来；第二份五元，是爱心存款；另外五元，则可以自行使用。随着孩子渐渐长大，更懂得存钱、用钱时，收支本上的项目也改成"存的钱"和"零用钱"两项，不硬性规定非得要有"爱心存款"。

拿到钱之后，女儿超级高兴，立刻拿着钱到超市，看看可以买什么，结果却很怅然地发现：五块钱可以买的东西，竟然这么少……此时，我会趁机在一旁跟女儿说明"积少成多"的道理。

回家后，女儿开始存钱，我则十分讶异，没想到不必碎碎念，孩子就会自动存钱。

而"存钱"这个动作，正是带领孩子踏进理财最简易的第一步；接着，当孩子能够以"自己的钱"开始购买东西的时候，爸爸妈妈就可以从旁协助孩子，一步步建立起良好的金钱概念。

孩子的理财第一课：写收支本

写收支本，既可以练习算术，又可以让孩子了解存钱的意义，更重要的是，通过收支本上的记录，孩子能发现：当初超级想买、非买不可的东西，到后来真正用到的没几样，无形中，在日后消费时，也会三思而后行了。

在发给女儿零用钱的同时，我也拿了一本簿子给她（为了让女儿有临场感，我给女儿几乎全新的银行存款簿），并告诉女儿："以后无论是你拿到钱，或是用掉钱时，都要在本子上面记录。"

对孩子来说，理财这门课，学校里面并没有教，当然也就需要家人在一旁协助与引导。

我在簿子的第一页写上"存的钱"，第二页写上"爱心存款"，第三页写上"零用钱"。存的钱会放在扑满中；爱心存款的钱和零用钱，分别放在不同的小皮包中。

如此一来，女儿一拿到钱时，就要做两个动作——将钱分别放在不同的区域，并且开始记录。

我告诉女儿，只要将钱用出去，不但要写数字，还要写用在哪里、买了什么。而女儿的第一笔消费，很快就出现了。

那是在拿到收支簿后的第二个星期时，当她发现手上有十元零用钱，立刻告诉我："妈咪，我想去买东西，花五块钱。"

"什么？你要买东西？"我大叫一声，心中出现这样的旁白：小孩子果真不了解父母赚钱的辛苦啊，有了十元就要花掉五元……

就在差一点儿要开口训话时，突然想起，"学习用钱"不就是我要给孩子零用钱的目的吗？

好，先看女儿买什么再说。

结果，女儿买了一个三角形包装的巧克力豆豆。

　　这个巧克力豆豆，我以前也买过不少次，但不同的是，这次，女儿吃起巧克力豆豆也特别珍惜，吃了好久才吃完。

　　看到女儿的表情，我明白了，原来，她想要体会的，是用"自己可以分配的钱"来买东西的感觉，不过，我还是想小小教育女儿一番，所以我告诉她："如果你没有将钱存到一定的数字，那么钱就永远不会变多。"

　　没想到女儿说："我知道呀，我本来就打算买了这次之后，存多一点钱再买别的东西。"

　　嗯，果真孺子可教也。

　　给孩子收支本，既可以让孩子练习算术，又可以让孩子了解存钱的意义，更重要的是，每年年底，我都会与孩子共同讨论当年的消费情况，孩子也发现：当初超级想买、非买不可的东西，到后来真正用到的，真的没几样，无形中，孩子在日后消费时，也会三思而后行了。

在"想要"与"需要"间做分配

需要的,指的是没有这个东西不行。如空气、水、足够的衣服、栖身之所;想要的则是内心的欲求,但是,没有这个东西也不会怎么样。如零食、更多的衣服、更花哨的笔。

在玩具店,最容易看到孩子们说:"我想要……"

琳琅满目的商品,十分有吸引力,各种装扮的芭比娃娃、不同战斗力的战斗陀螺;造型多变的橡皮擦,愈来愈炫的文具……

面对孩子的想要,爸爸妈妈们到底该如何引导孩子?

以身作则,孩子学得快

当孩子处于对金钱似懂非懂的年龄时,父母亲于金钱概念的教育上,不仅要建立孩子正确的价值观,其中,更重要的是"以身作则"的良好典范。

想一想,平日带孩子出门时,你是否抵不住诱惑,同类型的东西一买再买——即使已经够多了? 或者,在孩子用着疑惑的语气问:"妈咪,你的鞋子不是有十几双了,为什么还要买? "时,得到的回答却是:"女人的鞋柜里永远少一双鞋"、"小孩子问那么多做什么"……之类的答案时,你想,孩子将来在面对想要的东西时,会怎么做呢?

父母,是孩子待人处世最早的学习模范,以身作则,真的很重要!

需要的买,想要的选择性买

教育金钱观时,引导孩子了解"需要"和"想要"的差别是必要的一环。

需要,指的是没有这个东西不行。如空气、水、足够的衣服、栖身之所。

想要,则是内心的欲求,但是,没有这个东西也不会怎么样。如零食、更多的衣服、更花哨的笔。

　　我通常会跟孩子说，如果是需要的，我会出钱购买；如果是想要的，就由孩子自己付钱买。当然，在某些时刻（如孩子去参加宿营时），我会给孩子额外的钱花。我发现，孩子有了零用钱后，很快就能区分，并主动落实"想要的"与"需要的"分别。

　　有一天，我和孩子到大卖场，孩子到达玩具区后，很快地就被芭比娃娃的衣服吸引住。

　　"我想要买这件衣服，可以吗？"女儿说。

　　"可以。"我接着说："就用你自己的零用钱买啰！"

　　女儿一听，立刻把盒子放下，头也不回地走了。

　　当下，我也半开玩笑地说："用妈妈的钱就可以买，用你自己的钱就舍不得买，这是需要还是想要呢？"

　　"我知道啦，是——想——要。"女儿快速回答。

　　其实，想要的东西并非不可以买，而是要视能力来选择。当孩子明白了想要与需要的分别，存的钱也到达一定的金额时，我也会告诉孩子："钱本来就是给人使用的，只要在能力范围内，而且不要太浪费，当然还是可以买。"

　　所谓能力范围的计算方法，跟存款金额及消费金额有关，且每个人对金钱的安全感不同，我注意到女儿会用超过某个数字来评断，比如，原本想买一个四十元的东西，但存款未到二千零四十元，于是当下决定不买。

　　其实，四十元对于两千元，并没有太大的影响，但女儿为了"账面上的感觉"，就是要等满二千零四十元才要花掉四十元，一来表示这个东西她并非真的很想要，二来表示她愿意为了存钱目标而等待，我也尊重她的选择。

价格与价值,不一样

街上的名牌包、鞋……琳琅满目,现在的孩子,可以接触到的商品种类比过去的年代要多许多,究竟价格高是不是就比较好、比较有价值? 是大人们必须引导他们去学习思考的。

小薇,是一个二十岁的女孩子,在外租屋的她,会利用放学时间担任家教。

平日,小薇的穿着不脱离长版上衣+内搭裤,或是简单的 T 恤+牛仔裤,包包也是很休闲的,一个斜背宽形的包包。

有一天,与小薇的学生家长聊天后才惊觉,原来,我认为这只很普通的包包,竟然要价三千六百元,而且还是用了折扣券之后的优惠价。

"这个牌子,现在在年轻人眼中很红呢!"学生的家长补了一句话。

街上的名牌包、鞋……琳琅满目,现在的孩子,可以接触到的商品种类比我们过去的年代要多许多,究竟价格高是不是就比较好、比较有价值? 是大人们必须引导他们去学习思考的。

真心诚意的价值,胜过价格

"妈妈,我决定明天请你们吃冰。"某天,大女儿突然笑眯眯地说。

每个孩子对于钱的大方度不同,女儿一向对钱很宝贝,没想到她竟然会主动说要请客。

"因为我的存款已经突破一千元了,为了庆祝这件事,我们四个人都可以吃冰,但是不能超过八十元。"

原来,女儿很高兴自己在过去几年间,可以愈来愈懂得消费的眉角,存下了一千零八十元,所以也想与家人共同分享她的喜悦,决定拿出八十元预算来买冰。于是，一家人就在便利商店选冰，当大家一边吃着冰，一边跟女儿说谢谢时，女儿的脸上笑得更灿烂。

"妈妈，今天的冰好像特别好吃耶——"女儿说。

"当然，因为你很真心地请我们，我们也很真心地与你分享存到一千元的喜悦，我也觉得这十元的冰，价格虽然低，价值却很高呢！"我回应着。

许多时候，真心诚意的价值，远比价格重要，更能让人感受到心意，因此，当孩子需要买礼物送给同学，或是收到礼物的时候，都是很好的机会教育。爸爸妈妈不妨让孩子了解"礼轻情意重"是很重要的。

曾经看过一句话——钱没有问题，是"比较"出问题。

比较，会引来嫉妒，因此，无论是送礼或收礼时，都请引导孩子不要从价钱的高低来看送礼人的心意，更不要让孩子受到社会上"名牌第一，东西越贵越好！"的"流感病菌"所感染。

名牌、流行商品的意义？

同样是包包，为什么价格的差距这么大？是牌子的关系？还是质料的缘故？

我有一位朋友，原本名牌不离身，即使负债也要消费，在因缘际会下，进入一家销售女性用品的公司。

不久后，我发现朋友的消费习惯与先前大不相同，一问之下，她叹了一口气说："现在，我对买东西几乎提不起兴趣了。"

原来，朋友因为工作的关系，发现"成本价"与"定价"之间有着极大的差距，在了解成本价之后，朋友就很难下手购买。

"可是，有些精品不是强调做工、材质和版型吗？"我不解地问。

"就算是真的品质不错，版型也好，但价差也真的差——很——大。"朋友做了结论。

　　哇,我原以为,有工作等于有收入,没想到朋友的工作不但有收入,还帮她节省开销。只是……

　　朋友指着桌上可口的意大利面说:"就连这一盘面,我也会开始计算它的成本,实在是跟卖价差太多了啦,害我吃得有点儿扫兴!"

　　知道了朋友的亲身经历,日后,当孩子想要买"价格高于价值太多"的东西时,我就会将朋友的故事告诉孩子。

带孩子体会金钱之外的无形收入

让孩子通过当义工，体会到在金钱的收入之外，为环境或是社会贡献自己的力量，可说是一种"无形收入"。这种无形收入可能比金钱带来的欢乐更多。透过义工活动，也能够让孩子发现社会上需要人们努力的地方，建立起"赚大钱"以外的价值观，甚至激发为他人付出的热情和理想。

大多数的爸爸妈妈，仍然偏向以物质来作为赏罚孩子的工具。的确，适当的金钱控制对于孩子的管教，会产生有效的约束力。只是，长久下来会不会造成孩子们过于功利的心态？万一有一天所有的人都抱着"不愿意免费做白工"的想法，那么"义工"这个名词，与更高的理想，会不会因此不存在于世界上了呢？

在日常生活中，带领孩子发现付出的美好

担任义工，可以让孩子体会到，在金钱的收入之外，身体力行为环境或是社会贡献自己的力量，可说是一种"无形收入"。而这种无形收入，甚至可能比金钱带来的欢乐更多。通过义工活动，也能够让孩子发现社会上需要人们努力的地方，进而建立起除了"赚大钱"以外的价值观，甚至是激发想为他人付出的热情和理想。

在实际让孩子担任义工之前，爸爸妈妈可以从日常生活的小事，来引导孩子体会为他人付出的美好。例如有一次我就借着电视上的节目，来让孩子了解什么是"公益"，以及做公益的意义。

某一天，我们全家人在看访问性质的节目，该集介绍的是亚都丽致饭店总裁严长寿先生。约莫一个小时的节目，将严长寿先生的故事，通过数据性画面及访谈，做了很流畅的剪接，从美国运通、亚都丽致工作一路走来的故事外，也提到了他对于艺术朋友的热爱与支持，以及雁癌的想法，最后介绍

他退休后想从事的公益事业——台东希望学堂。

在节目播出时，女儿们就目不转睛地看着严长寿的故事，尤其对于他在台东建立"希望学堂"的事，更是感到好奇。

"他做这件事，有薪水吗？"大女儿问。

"如果是公益性质，应该没有薪水吧！"我回答。

"没有薪水，为什么要做呢？"八岁的小女儿问。

"因为爱、关心与热情啊！而且又觉得很有意义！"我摸摸女儿的头继续说："像你不就曾经吵着想去流浪猫咪协会照顾猫咪！可是照顾猫咪是没有薪水的，那你为什么想去？"

"因为我喜欢猫咪。"女儿在回答的同时，对义工也有了些许体会。

"还有，每天上下学时，有那么多人担任义工导护，也是没有薪水可拿，可是大家觉得让小朋友们安全地上下学很重要，所以，即使没有薪水，不论下大雨、大热天，义工导护还是主动准时地出现。"我再举了一个孩子们每天都可以感受到的义工导护为例。

"那我知道了，妈咪，你利用晨光时间来班上说故事、当爱心妈妈，也算是义工的一种吗？"

"如果真的要说的话，或许也算，不过我觉得到班上说故事，自己也学到很多呢！"我告诉女儿。

与环境有关的义工

近年来，垃圾不落地、垃圾分类等保护环境措施，从县市到乡镇，从学校到家庭，希望把环保的观念落实在每个人的心中。在这个时候，父母亲的以身作则及观念的灌输是相当重要的。当孩子们在快餐店用餐完毕时，在他们身旁的你，所做的动作，是收拾衣物、皮包准备走人？或者与孩子一同走到垃圾桶旁边，依照指示说明，将各种不同的容器分类丢弃呢？每逢佳节庆典,带着孩子到名胜古迹游憩的同时,会不会有"这不是我家,所以可以随地丢垃圾"这种没有公德心的心态呢?

"从小处着手"的确是一句很好的话,当孩子在父母亲的教导之下,在居家环境中养成随时保持环境卫生的观念,不但是实践公德心的最佳时机,也可避免病菌的散播与传染,也是另一种"环保义工"。

与人有关的义工

我高中时就读的是天主教会学校,在寒假时,学校有一项作业是每个班级选定一个地方从事义工工作,这让我第一次接触到养老院。

原本以为养老院住的是行动不便的老人,想必清洁、环境都不好,可是,当大家在院长的接待下进入养老院各区后,才发现老人们虽然年老力衰,但是对于自己的床铺都整理得挺好的,而且院内也有请清洁人员定时打扫,我们所需要做的,只是陪老人们聊天。

刚开始因为彼此的陌生而不晓得该聊些什么,半小时后,就自然地聊开了,一直到集合的时间,还有很多同学走不开呢!

或许是因为感受到老人家的寂寞无依吧! 在回程的路上, 连平日爱搞笑的同学们都默默无声,大家都觉得自己真的很幸福。

我也曾经问了许多在学校时就参加"医院义工队"的朋友们,在从事义工时,有什么感觉,他们都说,通过服务人群,既可以帮助别人,又能让自己更懂得珍惜现在所拥有的,个中收获是任何兼职工作中都感受不到的。

邻居的慈济婆婆在轮班时会带着两岁的孙子一起去,也有的妈妈在捐血时会让孩子待在身边。义工,并不绝对要刻意在某处才能做,只要带着孩子一起,即使是年纪小的孩子,也能感受到为善最乐,并从助人中培养更多体恤与怜悯心。

女儿的老师,曾经在暑假前的期末,要同学们准备大大的袋子,然后沿着学校旁的河堤捡垃圾，当天回家后，女儿口沫横飞地说着每个人的"成果"，至于大人们担心"天气太热"，在孩子眼中，根本不是问题。

很多时候，不一定是名义上的"义工"，才是义工，只要在日常生活中，引导孩子心存善念、乐于助人，那种心中的喜悦，是金钱买不到的，相信不用多说什么，孩子就能体会这层感觉。

Part 7
培养孩子的创造能力

一个人能够思考、为自己负责、凡事具有好奇心与动力，便能够产生他独有的创造能力。专家也指出，创造力是从现在到未来不可或缺的能力。孩子的竞争力，就从创造力开始！

观察力,是创造力的好朋友

观察力,是创造、发明的基础,最简单的例子就是莱特兄弟为了能够在天上飞,仔细地观察鸟类的翅膀,经过一次次的模仿与制造,成就了飞机的雏形。

亲爱的爸爸妈妈,你一定听过"未来的人才,需要具备创造力"这句话。创造力指的是创造事物的能力,也就是创新的能力。

在创新之前,更不能忽略"观察力"。

"看看左边和右边的照片,有哪些地方不一样?"在假日版的报纸中,会刊出类似"找找看"的照片,此时不难发现,有些孩子很快就找到相异处,有些孩子看了老半天,还是觉得没太大的不同。

观察力,是创造、发明的基础,最简单的例子就是莱特兄弟为了能够在天上飞,仔细地观察鸟类的翅膀,经过一次次的模仿与制造,成就了飞机的雏形。

观察力跟"看",是不同的,当我们"看"到一个东西,就只是把它看过,那么并不具备观察力,但如果将这个东西的信息、情报在脑中加以整理,就是一种观察。

那么,要如何培养孩子的观察力呢?在这里提供几项重点。

让孩子保有好奇心

在沙坑中,一位初次到访的孩子,拿着漏斗和空的宝特瓶前来。

当孩子用漏斗舀了沙之后,发现沙子很快地就从漏斗嘴流了出来,于是,孩子很好奇地用手指堵住漏斗、放开;再堵住、又放开。

不久后,孩子似乎发现了什么秘密似的,将漏斗放在宝特瓶上,然后用手将沙子一把一把地放入漏斗中,不一会儿,宝特瓶就满了。

看着这个孩子的举动,让我想起不久前,也曾经看到另一个孩子做着同样的事,只不过孩子的妈妈根本等不及孩子自己体会观察,就直接帮孩子把漏斗放在宝特瓶上。

试想,这两个孩子,哪一位会比较具有创造力呢?

孩子,都是充满好奇心的,有时,孩子东摸西摸,并不是在浪费时间,而是在满足自己的好奇心,此时,如果父母因为不耐烦或根本未察觉到孩子的心意,而阻断了孩子这一趟好奇心之旅,岂不是很可惜?

当孩子出现好奇心时,也代表着他正在观察,而观察力则是创造力的基础,所以,只要在安全范围内,千万别扼杀孩子的好奇心!

住家附近就有宝

大自然,可不是一定要到深山才算,邻近的象山公园、大屯山,也是很棒的活教室。

即使走在路上,自然生态观察家刘克襄先生也会教孩子辨认路边的植物、水沟里的生物,有时摘片榕树叶下来当笛子吹,有时在路边看见昆虫的尸体时,也会趁机教孩子"食物链"的概念,并让孩子了解,即使是一只小虫的死亡,都是很严肃的事。

我家住在木栅,离景美溪非常近,只要天气还不错,我和先生会带着孩子一同到河堤散步,于是,孩子就会开始发问啦!

"妈妈,这是什么声音?"

"这是青蛙的叫声啊!"

"妈妈，这是什么？"

"这是水蛭。"

"妈妈，有狗大便！"

"这不是狗大便，是被踩黑了的口香糖。"

孩子虽然才两岁，却爱上了这样的活动，有时还会主动说："我们去河堤散步好吗？"

大自然的美，并不是金钱所能取代的，透过观察自然、观察生物，孩子不但练就了好眼力，也将会学习到生命的美好，就如同刘克襄先生所说："希望孩子在长大、独立时，能经由自然观察的洗礼，学习认知的精神，懂得过简单朴素的生活，并且做一个自自然然的人。"

就从观察一片叶子开始

一片叶子，是再普通不过的东西。但，你可曾仔细观察手上的这片叶子有着什么样的纹路？

我曾经参加过一堂关于叶子的画画课，在课堂上，老师拿来了随手可得的各式叶子，并教我们如何画出叶子的感觉。

老师所教的，并不是技巧，只是要我们观察而已。看看叶子上的脉络是如何展开？叶子上有无病虫害般的点点或破洞？或者叶子的颜色是如何变化？并且要我们仔细地画出来。

在近三小时的画画课中，我体会到，即使是一片手掌般大的叶子，仔细观察后，也是一个小世界，光是画叶脉就花了我许多的时间，接下来还有许多仔细看就会发现的裂痕，而叶子的颜色也不是只有一色或两色，而是多种不同的颜色。

结果，在这一堂课中，我竟然连一片叶子也没画完。虽然只是体验一堂课,却让我着实了解,什么是"看",什么是"观察"。

亲爱的爸爸妈妈们,如果,你也觉得让孩子拥有观察力,是一件很重要的事情,那么方法很简单,就从一片叶子开始吧!哪怕是枯叶,一样有得观察!

手作、美劳都是创造力的来源

四岁到六岁是人类表达自我创造力的高峰期之一，这个年龄的孩子很喜欢尝试未接触过的事物，直到确认自己可以掌握为止，而这尝试的过程，也正是创造力的开始。

创造力，是一个创造出与众不同的、新的事物的能力。

提到创造力，就会让人想到"创意"二字。创意，是在创造力之前出现的想法和意念。每个孩子的身上，都具备了很棒的创意，只不过因为大人的不在乎、漠视或矫正，使得孩子渐渐地失去了这样的能力。

这种情形，从孩子最爱的画画、手作或美劳中，最容易看出来。在前文，我曾经提到，一位从国外回来的画画老师，十分不习惯台湾父母在孩子画画时，指出孩子还有哪些要改进的地方。不只是画画，在美劳或手作方面，孩子也会面临同样的情形。比如，一个孩子花了两小时，很耐心地用碎纸拼贴出一幅作品，却被大人说"弄得脏兮兮的"、"看不懂到底在拼什么"时，你想，孩子下次还愿意再尝试吗？

根据研究，四岁到六岁是人类表达自我创造力的高峰期之一，这个年龄的孩子很喜欢尝试未接触过的事物，直到确认自己可以掌握为止，而这尝试的过程，也正是创造力的开始。

珍视孩子的创作

较小的孩子在创作时，或许因为肌肉的不协调，无法画出父母期待的画；较大的孩子在创作时，或许已经被制式的框架给框住了。

无论如何，父母的态度，是鼓励孩子继续创作的动力。

当孩子秀出作品时,请用珍视的眼光看待孩子的作品,因为这张作品是孩子亲自做出来的,必定有孩子想表达的东西,或许大人看不出来,但只要用珍视的眼光看着孩子的作品,孩子就能感受到被重视。

在孩子的世界,父母就是最重要的人,孩子用心制作的作品,都希望能得到父母的赏识。你,看到了吗?平时可以通过以下方法,让孩子感受到创作被你欣赏了:

*用欣赏的眼光,浏览孩子的作品。

*真正看过之后,再给予称赞或鼓励,而不是短短几秒就给出称赞。

*拿出相机为孩子的作品拍照。

*为孩子保存作品,每隔一段时间可拿出来一起欣赏,并察觉孩子的进步。

*问孩子:"这张画可以送给我吗?"

*将孩子较得意的作品贴在墙上。

孩子的创意,找回曾经爱思考的你

现代父母都希望孩子有创意,那么父母本身呢?

一位妈妈说:"我就是没有创意,才会做今天这份工作,真担心孩子将来会像我一样。"

其实,每个人都有创意,只是有没有将"创意脑"拿出来使用而已。一旦开始使用,你将会发现,自己也是个很有创意的父母。

首先,就从使用孩子的作品开始吧!

有一次,幼儿园大班的女儿,将色纸卷成圆形后黏起来,成为一个中空的圆柱,之后又画了一个娃娃头及一双手,分别贴在圆柱上方和两旁。完成了这个作品后,女儿很高兴地拿给我看,并且说要送我。

其实,平日女儿已经送我很多她的作品,但大都是平面的,可收入资料夹，这次来个立体的，要摆在哪里才好呢？

"不然，妈妈将你的作品放在这里好吗？"我将这个纸做的空心娃娃，放到公共书柜上。

"不好，这是我专门要送给妈妈的。"女儿摇摇头。

环顾书桌，几乎被计算机、文具及参考数据给占满了，很难再挪出空间摆放。看来看去，我瞄到圆柱状的胶水。

"你看，这瓶胶水没穿衣服耶，幸好你帮它做了一件衣服。"我将胶水套入女儿的作品内，仿佛为胶水穿上一件外衣。女儿看了之后好高兴，日后也经常来使用这瓶"穿了衣服的胶水"。

而我，也发现自己失去已久的创意，突然被女儿临时的礼物给激发出来，看来宝刀未老喔！

亲爱的父母们，你的孩子喜欢手作吗？即使是一个形状不完美的盒子，当你愿意使用它时，你将会看到，孩子因为你的重视，那闪闪发亮的眼神，比天上的星星还要美呢！

允许孩子改造

允许孩子自己布置房间的弹性越大,孩子的创意也会愈被看见,甚至开始留意相关的书,对于室内布置有兴趣的孩子,将可以更早就展现这方面的天赋喔!

几乎每一位初次来我们家中的朋友,都会发现客厅的墙壁上,有几笔用水彩勾勒出太阳和山的线条;再仔细看,会发现山下画着花、鱼和房子。这些,是不经意中出现的作品,在前文中,我约略也提到过客厅这一幅水彩画的由来。

有了客厅这一幅大作品后,有一天,我和先生看着阳台的墙壁,越看越觉得那一片白色的粉墙,如果可以再加上些什么,应该会不错。

"不然,干脆让孩子在墙上作画。"

夫妻俩有了这个共识后,立刻把孩子们找来,虽然距离上次完成客厅的作品,已经过了好多年,孩子们对于画墙的热情倒是不减当年。于是,我拿出广告颜料,开始让孩子们自己去讨论要画些什么。

一开始,姐妹俩在讨论要画的图之后,就将墙壁分为两半,一个人画东边,一个人画西边。后来似乎发现这样子颇无聊,没有交集,于是干脆一起画。

由于墙壁是宽二百八十公分、长一百公分,对于小学的孩子来说,并不算小,在画的过程中,可以感受到孩子们也会画到手酸,但因为这是她们很爱的事,即使会累,却仍然很兴奋地、认真地继续画着。

两天后,这一幅长长的墙壁画,终于完成。

最上方,是许多不同色彩的爱心,爱心下面有咖啡厅、写了 "HAPPY" 字样、门半开着的屋子,还种了几棵树,远方有青山,并有河流经过,墙的最下方,则是绿绿的草地。

在创作墙上画时,我偶尔会拿着相机在一旁拍照留念,并发现俩人在拍照时，也不如平日那么拘谨，好几张照片都是搞笑、扮鬼脸。

孩子，是家庭的一员，或许家里的空间不适合让孩子在墙壁上作画，但仍然有一些地方，可以允许孩子发挥创造力，将家中小小地改变一下。

就从房间开始改造

孩子到了一个年龄后，会希望有"自己的归属感"。房间，就是其中一个可以建立归属感的区块。

对孩子来说，房间是比较个人的天地，过去在孩子小的时候，或许为了安全着想，孩子房的摆设大都是由父母规划。当孩子较大时，不妨给孩子一些自由度，让孩子改造一下自己的房间。

比如，带孩子去选择喜欢的壁贴或壁带，贴在墙上的某一处，你会发现房间的感觉立刻不同。

床单、枕头套的选择，也可以交给孩子来决定，父母需要协助的，则是教导孩子如何选择适合的质料及合理的价格。

房间的门，也可以开放让孩子自行布置，你会发现，每隔一阵子，门上的布置也会不同，有时是孩子的画作，有时会换成照片，也可能某一天会出现"写功课中，请勿进入"的牌子……

允许孩子自己布置房间的弹性越大，孩子的创意也会愈被看见，甚至开始留意相关的书，对于室内布置有兴趣的孩子，将可以更早就展现这方面的天赋喔！

认同孩子天马行空的想法

孩子的问题或想法，有时看来很天马行空，但实际思考后，也可能成为创新品。如果你的孩子有一些天马行空的想法或问题，请正视孩子的想法，与孩子一起集思广益，说不定下一个发明小天才，就在你家！

一位六岁的小女孩，十分喜欢猫。在她的要求下，妈妈终于答应让她养猫，但要她负起清洁和照顾猫咪的责任。

小女孩答应了，也真的当起猫咪的第二个妈妈，然而，有件事让她觉得很烦恼。于是，她在幼儿园的团体讨论时举手问老师："小猫可以把汤匙吃掉吗？"

小女孩的问题，听起来十分无厘头，但熟知孩子心理的老师并不直接给予否定的答案，反而问小女孩为什么会有这样的困扰？原来，小女孩在照顾猫咪时，对于天天要替猫咪洗油腻腻的汤匙感到苦恼。

接下来，老师也与小女孩一同思考"如何让小猫把汤匙吃掉"这个天马行空的想法，并得到了一个结论："制作一种长得像汤匙、可以吃的饼干。"

如此一来，小猫在吃了饼干汤匙舀的饲料后，还可顺势将汤匙吃掉，小女孩也就不必洗汤匙了。

你猜后来怎么了？

这个天马行空的想法在落实后，得到了宠物公司的青睐，并且大量发行，成为热卖的宠物食品。

试想，如果当初幼儿园老师不重视小女孩的问题，没有一起和她想出解决方法，或许还要再过好久，才会有"汤匙饼干"的出现。

孩子的问题或想法，有时看来很天马行空，但实际思考后，也可能成为新创品。如果你的孩子有一些天马行空的想法或问题，请正视孩子的想法，与孩子一起集思广益，说不定下一个发明小天才，就在你家！

别嘲笑孩子的创意

创作，是创意的呈现，也是创造力的来源。

当孩子还小时，创作就是他们用创意创造出来的成品。而孩子的创意，在大人眼中或许是天马行空、很难接受的。比如，一个孩子将报纸用胶带黏起来，想当成裙子穿在身上时，却发现纸裙的开口太小，无法穿进去时，你会怎么说？

是告诉孩子："你看，我就跟你说，纸做的不行啦！！"

或是引导孩子："怎么做，可以让开口变得有弹性？"

又或者，当孩子把桌巾当成披肩时，你是用欣赏的眼光告诉孩子："你很懂得一物多用喔！"或是嘲笑孩子："明明有围巾，干嘛拿桌巾，又不好看！"

孩子会对某些事情特别有创意，表示孩子对这件事是十分感兴趣的，这项兴趣极可能就是他的天赋，未来可以发展的方向，一旦被父母否定或嘲笑，孩子很可能不敢再继续尝试，说不定也因此少了一位"台湾之光"，那不是很可惜吗？

和孩子玩"如果你是"的游戏

几乎没有一个孩子不喜欢听故事、看电视、看电影。

有时候，当孩子听完故事后，我会问孩子："如果换成你是故事中的主角，你会怎么做？"有时看完节目、电影后，家人之间也会讨论："如果换成我是编剧，会怎么安排？"

在讨论时，父母们得以身作则，先避免批评作家及编剧、导演、演员，而是引导孩子往"个人想怎么安排故事剧情"来进行，你将会从孩子的想法中，了解孩子的价值观、渴望的事物，同时，也会惊讶于孩子的想法是这么地有创意呢！

从游戏中玩出大道理

有些孩子在进入学校后,为了要"赢",对于本来像游戏般的球类运动或康乐活动,变得斤斤计较、非赢不可,如此执著在赢,而没有感受这些活动的乐趣,实在是很可惜,同时,也会让孩子失去"开发游戏新玩法"的创造力。

"电动玩具"是许多大人与小孩的最爱;"迪士尼乐园"每天进出的游客不计其数……是什么原因,能让这些看似不同的东西,却又能共同吸引人心,造成一股热潮不退的现象? 很简单,只因为这些都是"游戏"!

当一个游戏被大众认同,并成功地流传下去时,其中必定有奥妙之处。也许是异于一般可见到的新奇设计;或者当你一进入这个神奇的世界时,一切的烦恼忧愁都可暂时遗忘。但是,当人们在游戏中寻得乐趣的同时,一定得遵守的事项是——规则。

当孩子们的世界暂时未受到工作、情感等压力介入时,最容易让他们感到忧心的,便是"课业"。

我们这一代尝到了联考的痛苦滋味,那种强迫填鸭的感觉,令人难忘;看着下一代的孩子,我常想:假如学习的过程到处充满新奇,有着多变化的角度,可以让人无穷尽地探险,这样的学习方式该有多好!

各位用心的父母亲们,准备好了吗? 请善用"游戏"这两个字,引发宝贝们的学习动机,并找出适合您宝贝的游戏规则,让孩子们在这套规则里,快乐地成长、充分地学习所有的事物,从游戏中发掘孩子的创造力!

从游戏中增强创意和记忆

孩子都喜欢听故事,尽管早上才说过的童话故事,下午又会要求妈妈再说一遍,到了晚上还想听同一个故事。

"说故事"就是一个让孩子增强创意和记忆的游戏。

　　当父母跟孩子说一个他从来没有听过的故事时，要孩子自己说一遍，恐怕只有一分像；但是当父母多说几次，孩子就能将故事说出八分，其中的进步是很惊人的，这在无形中也增加了孩子的记忆力。

　　此外，也可以让孩子重新编故事，增加创意。

　　对于一二年级的孩子，父母可以用单字造词的方式来玩接龙，如以"手"来造词，就有手心、手背、手指、手套等；或是玩联想力的游戏，如以"冷"这个字来联想，就会出现大外套、下雪、鸡皮疙瘩等。对于正在学成语的孩子，父母们也可以利用"比手画脚猜成语"或者是"成语接龙"的游戏来增加孩子的语文创造力及记忆力，都是很不错的方法。

让孩子不过于执著在赢

　　对于年龄幼小的孩子来说，只要"好玩"都可以视为游戏的代名词，而开始踏进校园，无论是幼儿园还是小学，都会开始重视"输"与"赢"。

　　想一想，小学低年级的数学课本中，常常将一些水果等可爱的图片，以堆积或减少的方式让小朋友"玩"，刚开始，全部的小朋友都玩得不亦乐乎。但渐渐地，在考试的压力下，开始有孩子会尝到不愉快的经验，只要是"考低分"就等于被宣告失败——输啦！久而久之，就会造成孩子心中的挫折感。

　　孩子的创意，是没有输或赢的，有些孩子在进入学校后，为了要"赢"，对于本来像游戏般的球类运动或康乐活动，变得斤斤计较、非赢不可，如此执著在赢，而没有感受这些活动的乐趣，实在很可惜，同时，也会让孩子失去"开发游戏新玩法"的创造力。

　　此时，父母亲为孩子量身定做的规则是相当重要的，让孩子以坦然的心胸面对输赢，可视为规则的第一条，其次，依照每一个小孩在不同领域中的不同能力，先不急着跟别人，而是跟自己做比较。

　　学习，对于孩子来说，是一条非常漫长的道路，也是一场短期内玩不尽的游戏。父母亲对于孩子的期望过高,往往造成游戏中断,甚至提早终止的遗憾! 因此,亲爱的爸爸妈妈,请帮助孩子随时保持最佳状况,不紧不松地帮助他喜欢、愿意有更多的学习!

带孩子外出吃饭，体验不同的食物

在台湾，有许多异国菜、异乡菜，举凡美国菜、墨西哥菜、印度菜、四川菜、客家菜、越南菜、意大利菜、法国菜、广东菜、巴西窑烤、日本料理、泰国菜等，种类繁多，不妨带孩子尝尝不同口味的食物，让孩子了解各国（地）的食物创造力！

有一次到石碇的一家风味餐厅吃饭，点了一道从未尝过的野菜，吃起来有点儿像番薯叶，但又比番薯叶更小、更嫩。据说，这种野菜是餐厅最热门的，有时想吃还吃不到。

"是不是每个人来到这里，都会想点这一道菜吃呢？"我问老板。

老板摇头说："大部分的人都会想尝试看看，但有的人则只吃他吃过的食物，没吃过的一律不吃。"

听到老板这样说，孩子们脸上都露出了"好可惜"的表情。

其实，即使是带孩子外出吃饭这类小事，也可以让孩子多方尝试，体验不同的食物创造能力。

鼓励孩子点一些他们没点过的菜

平常，你会带孩子到哪些地方吃饭呢？

不少家长喜欢带孩子到快餐店，原因之一是孩子爱吃，原因之二是快餐店里有游戏区，孩子进到游戏区内玩耍，自然就不会在用餐区吵闹。

于是，就在一次次的快餐文化下，孩子看到饭、面和蔬菜水果，总是兴趣缺缺，扒个几口就不吃了；看到汉堡、薯条、炸鸡却吃个精光还嚷不够，将来长大也只对炸的、肉类有兴趣，如此的饮食方式，危及到孩子的健康和营养，实在值得家长们三思！

假如有机会带孩子外出用餐，建议父母们不妨以文化的角度来选择餐厅，各国各地因为民情不同、气候不同，所烹煮出来的料理也不一样，就连在台湾也有台菜、客家菜、原住民菜的分别了，更何况世界之大！

父母在带孩子吃不同文化的食物时，可以先告诉孩子："今天妈妈要带你去吃某某菜喔！"如果时间许可，也可以先让孩子读读该国（该地）的地理风情。通常，在异国风味的餐厅中，会有符合当地特色的装潢，如希腊餐厅会有蓝白式的地中海风格，泰式餐厅会播泰国歌曲，日本料理店的服务生穿着和服，墨西哥菜餐厅中的海报都是墨西哥风景等，让孩子一进到店里，就有身处异国的惊喜感。

当菜单送来时，父母不妨询问孩子想吃什么样的菜，您可以请服务人员介绍，让孩子选择，并鼓励孩子尝试没吃过的食物，而不是大人们点一点，菜就送上来，孩子只能顾着吃，也没办法了解菜的特色，这是多么可惜的事啊！

在台湾，有许多异国菜、异乡菜，就我所知，举凡美国菜、墨西哥菜、希腊菜、摩洛哥菜、印度菜、滇缅菜、四川菜、客家菜、越南菜、意大利菜、回教菜、法国菜、广东菜、巴西窑烤、日本料理、泰国菜、韩国菜等，种类繁多，不妨挑选一天，带孩子尝尝不同口味的食物，让孩子了解各国（地）的食物创造力！

与孩子玩"口味游戏"

我认识一位美术老师，在正式上课前，都会请孩子们吃零食。这位老师挑选的零食，并非一般市面上较常看到的，而是特别挑选过的。

第一堂课，她请孩子们吃一种很酸的糖。

第二堂课，她让孩子们挑战苦苦的糖。

还有一堂课，是让孩子舔舔看辣辣的糖。

起初，听到孩子们的叙述时，我一直想不透，老师葫芦里卖了什么药，后来有一次与老师聊天时，我忍不住问了为什么。

老师的回答是这样的："因为我发现，很多孩子一坐下来，就急着问'今天画什么'，要赶快画、赶快完成，却忽略了画画是一种感受的累积，因此，我想利用特殊口味的糖果，让孩子感受到，即使是糖，也有不同的口味，吃下去的感受也会不一样。"

听了老师的答案，我想，她应该是采用了亲身体验的方式，通过让孩子们尝试各种味道可能的"极点"，让孩子从"味觉上的感受"开始，启发创造力。

据说，约莫到了第四堂课时，就连一开始不太敢吃的孩子，看到较勇于尝试的小孩吃完一颗，再拿一颗后，渐渐地也不再抗拒，还会"亏"老师："这根本不够酸嘛！"

可见，孩子们已经开始感受到——即使是酸，也有各种不同的层次，孩子们从第一次吃时觉得很酸而不敢吃，到后来敢尝试，最后觉得不够酸，让我对这位老师的"妙招"感到佩服。

引导孩子从文化中,激发自己的创意

文化,是一门修不尽的学分,同时更是让创意发光的一环,下次,带孩子参观各国文化古物后,不妨问孩子:"如果是你,要将古物设计成什么?"你将会发现,孩子的创意真是源源不绝。

近年来,台湾人的创意屡屡在国际舞台上发光。从服装、饰品到餐具、建筑设计,都受到国际的肯定。

记得有一次,看到媒体访问得奖人为什么会有这么棒的创意时,听到了这样的回答:"我是以台湾的文化为精神主轴,再融合其他的元素。"

类似的话,也曾经从 **KENZO** 创办人高田贤三口中说出来。

当年,高田贤三到巴黎创业,从事服装设计的他,一直思考着如何打动法国人的心?最后,他决定以日本的文化为核心,设计出一件件融合日本和服的印花图案特色并具有时尚感的衣服,也让他在欧洲的服装设计界打响了名号。

从更多的例子,我们都可以发现,文化是创意产业的源头,因此,父母不妨让孩子接触文化,引导孩子从文化中激发自己的创意。

带孩子到展示性质为主的博物馆

文化,是一门修不尽的学分,同时更是让创意发光的一环,下次,带孩子参观各国文化古物后,不妨问孩子:"如果是你,要将古物设计成什么?"你将会发现,孩子的创意真是源源不绝。

记得第一次带孩子到故宫博物院时,孩子们仿佛像刘姥姥逛大观园般,对于各式古物看得目不转睛。

在参观了展出文物后,接着,我也带孩子来到"商品贩卖部",孩子一眼就发现,刚才看过的古物中,不少都出现在商品部,比如,从翠玉白菜延伸而来的缩小版翠玉白菜水晶钥匙圈；从毛公鼎发想出来的毛公鼎玻璃烛台；或是将清明上河图做成五百片的拼图……件件吸引了大人小孩的目光。

除了参观故宫博物院外，各式博物馆、各乡镇、各国文化活动，也可以让孩子在大开眼界外，累积创意的来源喔！

当家长在日常生活中，找寻一件事物做为主题，引起孩子的兴趣之后，可以继续带领孩子探索更深一层的文化根源，如：与茶有关的"坪林茶叶博物馆"；与天文有关的"天文博物馆"；与温泉有关的"温泉博物馆"等，都是兼具人文、知识与独特建筑风格的好去处。

接触各乡镇、各国度的文化活动

想为孩子安排文化之旅的时候，除了室内展示馆之外，也可走到户外，活动舒展筋骨，接触不同乡镇的风情民俗，上一堂相当有意义的文化课程！

以参观美浓镇来说，在出发之前，可以先带孩子到邻近的图书馆找寻相关的背景资料，让孩子将到美浓的照片剪贴，配上文字（如：与美浓纸伞的合照、纸伞的由来、制造过程等），不但增加知识，同时也吸取了美浓的文化。

又如每到了泰国的"泼水节"时，在台北的泰籍朋友也会同时举办泼水节，来到这里，就可以感受到泰国的文化。

我认识一位老师，经常会带着孩子到法国参加"亚维侬艺术节"，在欣赏来自各国的表演团体所呈现的精湛演出之余，也可以感受到各国的特色。

除此之外，淡水文化、原住民文化等，都可以找到非常好听且意义深远的歌谣，家里有长者的家庭，不妨一同欢唱，听听老前辈的经验，将更多的文化以更多的方式深植在孩子的心中，将来孩子在创意作品中，或者也会因为文化的熏陶，有着更不一样的气质。

Part 8
培养孩子独立的能力

在过度保护、过度指导下成长的孩子，会失去独立和自我负责的力量，变成喜欢依赖，不敢冒险，甚至没有自信，因此，独立正是孩子在成长过程中必须培养的重要能力。

独立,从不当"抢答父母"开始

　　父母习惯抢答,很可能影响孩子与人对答的能力,于是,有些孩子在遇到邻居、父母的朋友问问题时,会立刻躲到父母身后,不愿或不敢回答。请将回话权还给孩子,让孩子从小就通过与他人的对话中,增加思考的能力,踏出独立的一步。

　　某天,在早餐店的电视上看见一个谈话型节目,来宾是父母与他们的孩子。

　　据说主持人与来宾在年轻时曾经有一阵子较常联络,只是近年来大家各自有家庭,这一场访问,犹如同学会般,在聊起现在的生活时,偶尔也会提及往事,颇为轻松。

　　就在主持人与来宾们的谈笑风生中,我隐约觉得有什么地方怪怪的。

　　继续看着节目,终于发现原因了。

　　主持人为了不让前来的孩子觉得无聊,也会问孩子问题,老实说,这些问题一点儿也不难,尤其对于十岁左右的孩子而言,诸如"你曾经学过哪些才艺?"的问题,只要稍一回想就可以回答。

　　没想到,孩子还没开口,就听到妈妈在一旁开始细数,有钢琴、舞蹈、画画……其他的问题也出现相同的情形,总是在孩子尚未开口时,妈妈已经先抢答了。

你是"直升机父母"吗?

　　看到这里,我突然想起"直升机父母"这个名词。

　　"直升机父母"指的是,为了孩子几乎无所不管的父母,不论是为孩子安排任何课程、活动,或介入孩子的学校教育,甚至,有父母会跟着大学毕业的孩子到公司面试。

"直升机父母"的原意，是为了孩子好，且希望孩子能够赢在起跑点，但过于介入孩子生活的反效果，就是造就无法自我思考、独立能力低落、不知道自己价值的"成人孩子"。

而在当"直升机父母"之前，"替孩子抢答"，可说是"直升机父母"极可能出现的第一个征兆。这些抢答父母，或许是个性较急，等不及孩子回答；也或许是太关注孩子，直接就替孩子回答；甚至潜意识中认为孩子的回答不完美，所以要赶快帮孩子回答……

甚至有些父母，会代替孩子说："请、谢谢、对不起"，有时候孩子并不是很能够体会，在什么样的时机要说这几个词语，更不是很明白人为什么要有礼貌，而"直升机"、抢答型的父母，可能因为怕面子挂不住，当孩子没有及时说出这些词语的时候，就自动帮孩子说了，孩子也自然没有机会学习、体会礼貌的重要性。

还给孩子说话权

无论是哪一种原因，抢答父母很可能会影响孩子与人对答的能力，于是，有些孩子在遇到邻居、父母的朋友问问题时，会立刻躲到父母身后，不愿意或不敢回答。

说话，是表达想法的最佳管道，不管是简单的或者难的问题，不管孩子的年龄，请将回话权还给孩子，让孩子从小就通过与他人的对话中，增加思考的能力，踏出独立的一步。

尊重孩子想独立的意识

面对孩子的"我来、我想、我要……"，有些父母会惊慌失措，以为孩子是不是要开始叛逆了，于是告诉孩子"不行"、"不可以"，这样做很容易让正要学习独立的孩子感到挫败。

当孩子会说"我想、我要、我……"时，表示已经开始意识到自己是一个独立的个体，而当孩子会告诉父母"我要有自己的房间"、"我想要自己做……"时，也是一种"确定自我"的意识。

面对孩子的"我来、我想、我要……"，有些父母会惊慌失措，以为孩子是不是要开始叛逆了，于是告诉孩子"不行"、"不可以"，这样做很容易让正要学习独立的孩子感到挫败。假如父母们在孩子的成长过程中一直扮演着保护的角色，那么"能干的妈妈，白痴的孩子"恐怕会应运而生。

总是依赖父母的孩子，长大后比较没有办法拿定主意，也比较没有办法判断该下哪一个决定。有些家长为了鼓励孩子独立，会给孩子看幼儿时期的照片，并说一些孩子小时候的事，如此，孩子的小脑袋里就会出现"我长大了"的体认。

让孩子独立思考

一位在美国留学的朋友说，这段留学生活影响他最大的，并不是课业上的精进，而是他对教育孩子态度的改变。

"美国的父母与孩子是平等的，他们会让孩子发表意见，即使意见不适合，父母也会尊重孩子、鼓励孩子。"朋友说。

孩子喜欢发表意见，表示孩子在动脑想，相较于国内的父母，当孩子有意见时，多半会予以反驳："你那样说是错的"、"我是你妈，听我的"，不知不觉中，就扼杀了孩子的创意与思考能力。

让孩子思考是孩子独立的第一步,当孩子前来问问题时,父母如果能够引导孩子多想、多思考,不但能让孩子多用脑,也给孩子一个自己找到答案的机会。

就从练习单独做一件小·事情开始

在孩子独立的过程中,机会的给予,是十分重要的。

孩子在不同的年龄,会想独立完成某些事情。从想自己吃饭、想自己穿衣服,到帮忙做家事、整理房间、自己上学,甚至自己到便利商店购物、煮饭等,在独立完成较难的事情之前,不妨先从小事放手,让孩子从一次又一次的练习中,逐步地信任自己、相信自己可以。

爸爸妈妈应该视孩子的年龄及能力,来给孩子练习独立的机会,千万不要觉得孩子还小、做不好就帮孩子做,因为,孩子如果没有办法自己完成事情,等于少了练习的过程,独立的时间将会愈拖愈晚。

让孩子到亲戚家住

有一次在公交车上,听见两位妈妈对谈,甲妈妈说:"小强其实挺不错的,什么事都会自己动手,不像我们家阿平。"

听了甲妈妈的话,乙妈妈回答:"小强只有在别人家才会这样,在家里,他可是一条虫,习惯差得很!"

两位妈妈你一句、我一句地,最后得到一个结论:"干脆让这两个孩子交换住好了,等到他们的习惯都变好,再让他们换回来!"

你有没有发现,即使平常在家中像个山霸王的孩子,到了一个陌生的环境时,通常会突然变个样?尤其是第一次带孩子到朋友家时,孩子的文静更是令家长们惊讶。到别人家住,也是相同的道理。

虽然所谓的"别人家",是自己的亲戚家,但是毕竟和自己家中温暖的小窝不同。一旦住在别人家里，孩子会有警觉性，应有的礼貌通常都不会少，而吃饭的礼仪、下床后自己整理被子，坐有坐姿、站有站相等规矩也一样不差。

给孩子一个到亲戚家住的机会吧！即使孩子们刚开始会感受到新奇、好玩或刺激，不过，没几天便会想念起慈爱的爸妈了。当孩子回家时，那种"一日不见，如隔三秋"的感觉，对亲子间的感情会有很大的帮助。而且，孩子外出住一趟，什么事都自己来时，就表示孩子已经有初步独立的能力，何不试试看呢？

让孩子跳脱家庭旅行去

当我们带孩子出游时,打理一切所需用品,让家中的每一个成员一起分担工作,一旦养成这个习惯,将有效地建立孩子的责任心,同时也在潜移默化中,建立起孩子的独立能力。

假日的时候,家里的孩子都做些什么事?

如果,你的孩子待在家中属于"衣来伸手,饭来张口"型,或是依赖家人的"黏巴达"型,那么,不如带孩子去旅行,并且从旅行中,除了能共享亲子之乐,还能训练孩子独立,对全家来说,都是心灵上莫大的收获。

不出门,也能旅行去

有一天,当我到任职于中学的朋友家中聊天时,听到朋友的老公与孩子们的对话:

"哥哥,让爸爸来考考你:阿拉丁之所以能顺利进入魔宫,是因为他用了什么方法?"

"我……我不知道啦!没事考这个做什么?魔宫宝石?爸!干嘛给我这四个字呀?"

"妹妹,换你了,回答爸爸喔!你有没有玩过指北针呢?爸带你游一趟'迷海航行'好不好哇?"

不一会儿的时间,两个小宝贝,已经带着好奇的眼神望着眼前"不知道在变什么把戏"的爸爸了。

许多家庭在安排假期时,会选择以度假村、休闲农场为旅游的据点,但是,有碍于经济上的考虑,不是每一个家庭都能够在消费较高的娱乐场所尽情享受。

各位爸爸妈妈，还记得中学时曾经上过的"童军课"吗？也许因为当时在升学主义的荼毒之下，这一门课的乐趣被消减了不少，但是，亲爱的爸爸妈妈，若你走一趟图书馆，搜集一些相关数据，不但可以重温中学时期的旧梦，还能神气十足地扮演"童军老师"的角色，成为孩子心目中的"万事通"偶像，何乐而不为呢？

"让爸爸来为大家解说吧！当'阿拉丁'发现魔宫的机关设计原来是必须通过光线的折射才能开启，因此，在时间、角度及光的强度都配合得天衣无缝时，一个伟大的英雄就此出现啦！"

"至于指北针，爸爸先说明一下关于'方位'的概念……"

看着孩子们听得津津有味，身为客人的我仿佛已经看到，当全家一同出游，观星象、测方位、欣赏自然光景的热络情形……

您是否愿意重拾中学三年，有趣的童军课程呢？启发孩子们的科学头脑，一起探究大自然的奥秘，记住喔！周休二日，旅游也可以做功课！

与孩子一起去露营

日本电视台有一个节目，内容是拍摄不同的家庭到外地旅行时的种种情节，其中，露营占了非常大的一部分：

"来！哥哥和妹妹，看看爸爸为你们拟定的这张表。"

"哇！爸！无具炊事？真是有够酷的！"

"咦？等一下，伙食要全家人一起准备？不对吧！吃的东西不是妈妈弄就行了吗？"

"什么？还有每个人的分配工作？"哥哥开始皱起眉头。

"爸，我好高兴喔！你看这里，哥哥是大厨、我是二厨耶！"

当我们带孩子出游时，打理一切所需用品的工作，总是习惯依赖妈妈去做，但是，"让家中的每一个成员一起分担工作"，一旦养成这个习惯，将有效地建立孩子的责任心，同时也在潜移默化中，建立起孩子的独立能力。

以"无具野炊"这个计划来说，"如何升火？""如何掌握火候？"是属于"思考类"的教育；"动动自己的手"、"取自于大自然的竹子、树枝、石块"，让孩子亲自体验"实验"的定义；"将烤好的食物与大家一同分享"、"一边吃东西，一边谈心"，更拉近亲子之间的距离。

在短短的假日里，家长们如果用心安排，将会发现孩子不只在学校教育中才能习得知识，在你的带领之下，也为他们上了一堂带有"认知、情意及技能"的丰富课程！

有谁知道什么是"印第安式帐篷"？什么又是"树苗营帐"呢？还有，想不想尝试泛舟、攀岩以及溯溪呀？

预祝每个家庭都旅途愉快！

让孩子单独参加营队

一位妈妈为十岁的女儿报名参加三天两夜的夏令营，第一天半夜，妈妈就接到女儿的电话，哭哭啼啼地说洗澡的地方不干净，帐篷内又臭又挤又热，地上不平不好睡，吵着要妈妈接她回家。

心疼女儿的妈妈，听到初次单独离家的女儿一边哭一边说，十分地心疼，早上六点就打电话给营队的主要带领人。在带领人的说明下，妈妈了解女儿在家中的确比较依赖，无法吃苦，所以反弹比较大，于是，决定让女儿继续待在营队。

第二天下午,女儿陆续打电话向妈妈求救,每次的理由都不同,而只要接到女儿的电话,妈妈就会与领队通话,随时了解情形,于是知道,女儿口中的跌倒受伤,只是一点儿小擦伤;所谓的东西难吃,是因为粗茶淡饭;手酸没力气则是大伙儿共同完成任务后的副作用。

两个晚上很快就度过,到了第三天,妈妈到营队报到处接女儿回家时,第一句话就是问女儿下次还要不要参加,听到的答案是:"要"。

"妈妈,你知道吗?我学会很多事情,也会帮大家盛饭,还会自己一个人烤番薯。"

在回家的路上,妈妈听着女儿高兴地说着夏令营发生的点滴,顿时觉得女儿一下子就长大不少,也更独立了。

"要不要让孩子参加过夜的营队?"对许多父母来说,是一件两难的事情,既想要让孩子体会与陌生同伴露营的生活,又担心孩子不适应,加上自己也从未让孩子离开家庭,独自在外过夜,想起来总是会舍不得。

如果,你也是这样的父母,建议在让孩子离家参加营队时,先提供孩子一些必要的经验。

我在大女儿八岁时,也让她背着包包到营队报到,很多朋友听了,第一句话就是问我:"你怎么放心?"

其实,这是需要一段时间练习的。

在女儿幼儿园大班时,我就训练她自己洗头(尤其是夏天参加营队通常会玩得很high,流了很多汗),全家也曾经外出露营,让孩子知道露营是怎么一回事,女儿因为有了过去的经验,对于生活也能自理,参加营队回来后,第一句话就是"超好玩",直说每一年都要参加。

让孩子参加营队,是训练孩子独立的方法之一,在营队中,每个孩子都要自己动手才能拥有平日轻易就拿到的东西,而孩子也会因为营队生活发现很多事情都可以自己来,回到家也就不会像往日这么依赖父母了。

"有准备就不会慌",这句话用在学习上面,十分贴切,用于让孩子独立参加夏令营,也很受用喔!

选择营队的小·诀窍:

*根据孩子的年龄及体力选择营队的天数、主题及困难度。

*多方打听,选择口碑好的营队。

*从孩子的兴趣来挑选营队,不以父母的期望做为挑选营队的目标。

*了解带队人及协助带队者的经验、人数。

*确认营队有良好的联络管道(如非必要,尽可能不打给孩子)。

与孩子共同研究地图

"独立"指的是可以自己处理事情时，就不麻烦他人的能力。对于孩子来说，独立相当于踏出依赖圈，而地理概念的增强，对于孩子"踏出去"有极大的帮助。

有一回，我与几个同学到日本旅行，由于大家都对日本不熟，只能仰赖开车司机——一位在日本读书三年、日语顶呱呱的朋友。

起初几天，大伙儿都玩得很尽兴，在第四天时，原定下午就要到一处民宿，但不知怎么搞的，就是下不了高速公路，不然就是下错位置，又绕上来。

看着天色愈来愈暗，偏偏我们几个同学中，没人看得懂日文，而看得懂的司机朋友却又一直走错路，害得大家心里既着急又紧张。

在高速公路绕了几圈后，朋友总算找到出口，大家才松了一口气！"奇怪，这地图怎么会画成这样呢？"朋友拿出地图，依然丈二和尚摸不着头。

或许，你也有这样的经验：摊开地图，上面是密密麻麻的记号，对于第一次看地图的人，想要找一条通往目的地的方向，还真是有点儿困难，就在一次次走错路中，时间也就这样过去了，一天快乐的假期也因为找不到路，或是到达目的地天色已晚而感到兴致索然，是不是很可惜呢？

"独立"指的是可以自己处理事情时，就不麻烦他人的能力。对于孩子来说，独立相当于踏出依赖圈，而地理概念的增强，对于孩子"踏出去"有极大的帮助，爸爸妈妈们不妨从孩子小时候开始培养地理观念。

从地球仪与自制地图中训练地理概念

新闻中报道的事情，发生在哪一个国家？

地球仪转呀转，就能找到它。当孩子还小，看不懂地图时，至少买一个地球仪,告诉孩子我们现在住在什么地方,虽然孩子未必了解,但是光转地球仪,就会让孩子觉得好好玩,无形中也建立孩子对地理的好感。

当孩子大一些,会画画时,不妨与孩子一同画一张住家附近的地图。当孩子上了小学,就可以让他画一张从家里到学校的地图。在画地图的同时,顺便让孩子回忆"会经过哪几家店",不但有助于孩子的观察力与记忆力,也能够让孩子对这段路更有感觉,而不是"只是一条上学的路"而已。

接着,摊开都市地图,告诉孩子家的位置、学校的位置、动物园的位置、火车站的位置、常去的百货公司、游乐园的位置、亲戚家的位置,并教孩子认识一些地图上的标志。

到异乡旅行时,也可以带着台湾地图,让孩子从道路的标志与地图作对照,或者是看看地图上面的山、河流、湖、铁路、公路以什么标志来呈现;也可以请孩子画一张对该地印象的地图。渐渐地,孩子就学会如何看地图,并增强了方向、地理观念。

在地图上做记号,拥有自己的美丽记忆

有一次,我采访一位从美国学成归来的朋友,当时的题目是:"介绍纽约有哪些值得去的地方。"我以为,朋友必定会拿着一堆资料与照片给我看,但结果却出乎意料之外。

当朋友坐定后,只摊开一张地图,我探头一看,啧啧!这张地图已经破烂不堪,我心想,拿它来做什么?

"别小看这张地图喔,你要的答案全在上头!"朋友说。

仔细一瞧,原来,地图上面的墨渍是朋友亲手写上的记号与文字,难怪看起来这么不整齐。整个访问下来,朋友就着这张图画纸般大小的地图,与我畅谈许多纽约景点与有趣的经验。

说真的,从小到大,这是我第一次感受到看地图是这么美好的事。

　　因为受到朋友的熏陶，当我决定去巴厘岛自助旅行时，我就先到印度尼西亚观光办事处拿地图，先熟悉当地的特殊景点与美食区，并规划旅行行程。而在实际旅行时，觉得每一天都很充实，玩起来比跟团走还要有乐趣。

　　即使在台湾省内，爸爸妈妈们也可以这样做。

　　比如：沿着北二高，这个星期去石门水库，下星期到关西……然后在出发前一天，与孩子共同研究地图，看看下了立交桥要怎么走，也给孩子一张地图，让孩子能记录当天游玩的备忘录。如此一来，不但可以训练孩子的方位概念，建立孩子与土地的亲近感（这也是敢独立的一种元素），日后当孩子长大，看到一张张发黄的地图时，脑海中将会泛起一段段与父母共游的美好记忆。

在长假中,让孩子学着规划生活

在长达两个月的暑假中,绝对是让孩子学习独立的好机会,从规划暑假作业到规划旅行,都能让孩子有所成长。

在孩子很喜欢看的卡通《樱桃小丸子》中,有一集提到放暑假的小丸子,整天都高高兴兴地玩乐,不想写作业,等到要开学了,才开始着急:"啊! 我的作业都还没有写! "

在长达两个月的暑假中,绝对是让孩子学习独立的好机会,从规划暑假作业到规划旅行,都能让孩子有所成长。

告诉孩子长假的意义

迎接长假的来临,孩子们的心中都难掩欢喜,有一种孩子就像小丸子一样,整天玩乐;另一种孩子则是会在长假一开始时,就先花两个星期的时间将作业写好,然后利用后面的时间玩乐;还有一种孩子会按部就班,每天固定完成预设好的计划。

你的孩子,是属于哪一型呢?

许多爸爸妈妈都很怕孩子在长假中玩疯了、玩野了,再加上孩子放假时,自己多半还在上班,因此通常会将孩子送到安亲班里,让安亲班的老师监督孩子写完作业。

那么,在安亲班以外的时间呢?

不妨在放假前就与孩子共同拟订一个暑假计划表,告诉孩子可以趁着暑假学习学校没教的东西,或者是学习一项孩子感兴趣的才艺,甚至学学游泳也好。

也可以在计划表中安排一个"自己动手做"的时间,让孩子尝试 DIY 的乐趣。比如:给孩子一本剪贴簿,教导孩子分类剪贴数据;或者是带孩子到一些家具大卖场，像特力屋就举办过儿童DIY的活动，教孩子自己动手装饰家里。

最后有个小叮咛，假期毕竟是假期，在计划表中，不要给孩子太沉重的压力，但可以在拟订计划表的同时，不忘与孩子约法三章："暑假时，玩乐的时间虽然比上学的时间多，读书的时间也不能马虎"，如此，孩子不但在假期中玩到了，同时也更乐于学东西。

与孩子共同确定长假目标

以《昆虫记》闻名的法布尔，从小就喜欢研究昆虫，即使他当了老师，也不减对昆虫的兴趣。

在法布尔三十一岁那年，他读了一篇与昆虫有关的论文，这篇论文深深地打动了他，让他开始专心研究"节高蜂"。从此，法布尔掉进了昆虫的世界，也从不断的观察、实验中，写出了一套套与昆虫有关的书籍。

成年的法布尔因为小时候的兴趣，完成了他研究昆虫的目标；日本首位女航天员向井千秋也是在确定目标后，花了八年的时间当上航天员。因此，及早与孩子确定目标，可激发孩子的斗志，而向目标前进的毅力，将使孩子变得更坚强。

在孩子确定重要的人生目标前，首先就从短期的、容易完成的目标做起！

不妨在漫长的寒暑假前，就与孩子一同拟定目标，目标不必像"我要当医生"、"我要当老师"这么大，而是孩子能够在长假中经由"少许努力"就能达成的即可，例如"我要读十本课外读物"、"我要背十首唐诗"、"我要学煮十道菜"都是很好的目标。因为孩子只要完成目标，对自己就会更有信心，也能培养出面对困难的勇气。

最终的独立,是跟自己做朋友

独立,并不是自己一个人行动就算,更深的一层含义是"跟自己做朋友"。跟自己做朋友,意味着知道自己真正的价值,并且做对自己真正好的事情。

九岁的小宇,有一位非常照顾他的姐姐,不论放学回家、做功课、玩玩具、到商店买东西,大他两岁的姐姐,都会带着他,两人几乎是形影不离。

一年后,姐姐在妈妈的安排下,就读郊区的私立女中,必须住校,小宇十分不舍,几度向妈妈耍赖,但在妈妈的坚持下,姐姐还是成为私校生。于是,家中平日只剩小宇一个孩子。

刚开始,小宇十分不习惯,没有姐姐陪他,最常听到他喊无聊,要妈妈把姐姐转回家中附近的学校,但妈妈反倒告诉小宇:"该是学习独立的时候了,尤其你又是男生。"渐渐地,妈妈发现小宇回家后,常常一个人待在房间里玩计算机、玩在线游戏,有时甚至玩到连晚饭都不吃,让妈妈非常生气。没想到小宇却告诉妈妈:"你不是说要独立吗? 我现在可以一个人也不觉得无聊,很独立。"

独立最表面的解释,虽然是一个人能自己做的事,就不麻烦别人,但是,当孩子愿意"自己独立做事"后,接下来更要帮助孩子跟自己做朋友。

尤其很多孩子因为父母较忙,在外显的行为上,看似独立地自己买晚餐,但内心却一点儿也不独立,只要有机会,就会出现依赖的心理,比如待在同学家,能待多晚就多晚;或是依赖电玩游戏、计算机来打发时间。

也有父母为了怕孩子放学后会变坏,虽然不一定让孩子上安亲班,却为孩子安排各种才艺、补习课,让孩子"照表走行程",每天时间都填得满满的。

独立,并不是自己一个人行动就算,更深的一层含义是"跟自己做朋友"。跟自己做朋友,意味着知道自己真正的价值,并且做对自己真正好的事情。

因为跟自己做朋友，即使一个人在家，也不会只玩电玩来消磨时间；在遇到挫折时，也有坚强的力量重新站起来；懂得负责任，有勇气面对事情，也是真正的独立。

日本多湖辉教授认为，现代孩子因为在精神上一直不曾"断奶"，造成孩子成为无法独立的"温室花朵"。要让孩子在精神上断奶，除了不当"直升机父母"外，给孩子"时间"练习独立，也是一个很重要的关键。

各位爸爸妈妈，你曾经因为忙碌的工作和生活，而有一种喘不过气来的感觉吗？孩子也是一样的，想想看，孩子每天七点就出门到校，放学后又忙着学东学西，一直到回家，一天的"工作"超过十二个小时，身心早就疲惫不堪，怎么会有时间和空间学习如何跟自己作朋友？

孩子从呱呱落地、一路成长到大，培养孩子独立的人格，是给孩子不可或缺的一份珍贵人生礼物，如果你也认同，别忘了，这份礼物的形成，需要一定程度的放手、学习，和一定的时间、空间喔！

Q&A
这些情况怎么办？

教养孩子，是一项长期的学习。

偏偏有些时候，就是会出现一些紧急状况，让父母们不得不赶快处理，却又不晓得该如何处理……在本章中，小羽妈妈将提供一些方法，让你先"救急"！

Q:孩子不懂时间管理,怎么办?

我好不容易跟儿子共同制订了一个读书计划表,不久后,我发现儿子总是能将读书的时间算得分秒不差,读书时间一过,绝不会多黏在椅子上一秒钟;反倒是玩乐时间已过,却还会拖拖拉拉个十分钟才愿意收拾玩具……为什么一起订下时间表的事可以分秒不差,但是遇到别的事情,他就不会自己管理时间了呢?

小·羽妈妈的建议:

许多孩子都无法专心坐在书桌前念书,总觉得看书的时间过得好慢,玩乐的时间却"咻"一下就过了。大部分的家长都希望孩子能多花一些时间念书,而不是满脑子只想着玩,更多父母都对孩子说过这样的一句话:"唉!假如你念书像打电动这么专心就好了",偏偏孩子就是听不进"时间就是金钱"、"少壮不努力,老大徒伤悲"这类老掉牙的八股句,此时,父母该怎么办呢?

在读书时,孩子老会觉得时间过得慢,主要是因为不够专注,如何让孩子更专注? 在下面的篇幅里将会详述,但是在训练孩子专注之前,应该先让孩子了解时间的可贵,达到治标又治本的效果。

利用中断效果

回忆一下,当我们在阅读侦探小说时,如果因为别的因素不得不中断看书的时间,而没有一气呵成得到解答,心中会不会老是惦记着要赶快将事情做完,再回来看解答呢?

"中断某件事,反而会让人更想念",这就是中断效果。

心理学家雷格鲁尼曾经以实验证实"中断效果",得到了下列结论:"在工作或读书时,人们如果被中断,将会对被中断的事记忆更深,回想起这件事的概率也非常高。"

那么,父母们要如何利用中断效果让孩子了解时间的重要呢?

带孩子出去玩时,当您觉得孩子们已经玩耍了一段时间,而且正乐不可支时,此时告诉孩子:"回家啰!"当然,有的孩子会要求父母让他们多玩一会儿,父母可告诉孩子:"下次再来",如此,孩子就会对这个地方充满期待,并产生"下次来我要更加会利用时间"的想法。

孩子对同一件事所产生的兴趣通常并不久,表面上孩子们玩得很高兴,其实这时候孩子的体力及倦怠感已经产生,玩是如此,读书更是如此。所以,在替孩子拟定读书计划表时,千万不要将读书时间订得太久,最好的作息是与学校课堂时间一样,或视孩子的情形加减十分钟,让孩子不致于厌倦,而且不要在接连的两个时段让孩子念相同的科目,以达到中断理论的效果。

给孩子一个明确的时间范围

有一天中午,我在公园里散步,不久后,一对父母带着一个活泼好动的小男孩来到公园,当小孩子兴高采烈地往溜滑梯的方向跑去时,他的父母在身后也不忘大喊:"这次玩十分钟就好了。"

十分钟? 我看着小男孩活力十足、玩得很高兴的模样,心中也产生了"可能吗?"的疑问,没想到十分钟一到,男孩的父母果然就铁面无私地叫孩子回家,孩子虽然满脸舍不得,却也跟着父母离开公园。

"在孩子玩之前,给孩子一个时间范围",也是一个让孩子了解时间可贵的方法。由于孩子已经被告知只有十分钟可以玩,自当倾全力玩耍,短短十分钟的效果,远比那些已经占着玩具玩了一个小时的孩子们更了解玩具的可贵,也能从中体会时间的珍贵。

教育家光永贞夫也曾经通过实验来证明"给孩子一个时间范围"的重要性。

　　他在孩子的书桌上摆了一个插了花的花瓶，当一个小时后孩子念完书，光永贞夫将花瓶收起来，并问孩子记不记得刚才桌上有一个花瓶，当孩子点头说记得后，他便请孩子在纸上画出花瓶的模样，结果孩子想了好久才下笔，画出来的根本与真正的花瓶不同。

　　接着，光永贞夫再将花瓶拿出来，并告诉孩子："这次给你十秒，请仔细看看，再画一张。"

　　此次，孩子画出来的，就跟真实的花瓶几乎相同。

　　各位爸爸妈妈不妨也依样画葫芦，利用这个实验，让孩子很快地体验出时间的重要，并能惊奇于有效率与没效率的差别，有了这样的认知，孩子的心中，自然会了解时间的可贵了！

Q:孩子不专心,怎么办?

某一天我和一些朋友齐聚一堂,一起喝下午茶,一边聊起孩子经。

"怎么办? 我家老大念书时都不专心,老是看时钟、等休息!"我说。

"你们家那个还好了啦,我儿子才糟呢,坐不到几分钟,就开始扭来扭去,好像椅子上有针似的。"有个国一儿子的朋友 A 附和着。

另外一位有三个孩子的朋友 B 也说:"我们家的也是,虽然一双眼睛看着课本,心思却常常飞到哪里去了都不知道!"

孩子不专心真的是我们这些妈妈们感到很困扰的一件事, 有没有什么好方法可以帮助孩子提高专注度呢?

小·羽妈妈的建议:

"孩子不专心"的确是许多家长们打从心底发出的无奈与担心,如果你家也有不容易专心的孩子,其实可以通过以下的方法来提高孩子的专注力。

手口并用,专注效果加倍

让精神集中的方法之一,就是将目标完全锁定在同一件事上。

以上述 B 妈妈的孩子来看,与其让孩子"一双眼睛盯着课本瞧",不如让孩子"一边看课本,一边念出声"。因为要念出声,精神自然会集中在此刻正在念的课文上,尤其是需要背诵的国文、英文等,更有加倍效果。

此外,一边念一边写,也是集中精神的方法。

我认识一位中学老师,她在孩子背诗时,要求孩子不只要背出声,还要一边背,一边写,如此在背的同时,耳朵就会将背诵的东西听进去,在写的同时,眼睛就会将写下的东西看进去,这么一来就有手口并用、眼耳跟着用的四重效果,孩子的注意力,当然要比只看不念,或者只念不记要更集中啦!

运用小游戏，训练专注力

除了上述的手口并用法外，还有一些小游戏可以训练孩子的注意力，以下举出专家纽仕班和贝格勒(Nussbaum and Bigler)所提出的五项建议：

一、老师说——几乎每个小朋友都玩过"老师说"的游戏，它的方法是，当大人下一个命令时，要在命令之前加上"老师说"这三个字，假如没有加上这三个字，孩子就不需要执行这个命令，借此让孩子练习从"听"之中加强专注力。

二、玩扑克牌及丢骰子——无论是纸牌或骰子，都需要集中注意力来看数字，还能增加孩子对数字的计算能力。而像"心脏病"这样的纸牌活动，除了训练注意力外，还能加强孩子的反应力。

三、猜谜游戏——找一些好玩的题目来考孩子，也让孩子自己出题来考父母，即使孩子的题目是像"有一种水果黄黄的、弯弯的"这种简单的题目，父母也要当作一回事，因为，猜谜游戏在训练孩子思考的同时，也能让孩子从倾听中增加注意力。

四、寻宝柜——制造一张寻宝图，并标出关键位置，让孩子去寻宝。如：在妈妈的化妆台找出口红；在自己的衣柜中找出一件红色大衣等，最后一个藏宝位置，要放的是孩子最喜欢的玩具或饼干。

五、计算机游戏——许多精心设计的计算机游戏都能让孩子注意力集中，并可帮助手眼协调，还可以动动脑筋，适度地让孩子玩计算机游戏，也是不错的方法。

Q:孩子对学习失去热情,怎么办?

虽然常听人说,如同有的孩子喜欢运动,有的孩子不擅长运动一样,并非每个孩子都喜欢念书。但是我家的孩子对学习、念书的兴趣缺缺,成绩更是奇差无比。我非常担心该学习到的东西他都没学到,却又已经厌倦了总是要三催四请,在旁边逼着孩子念书的方法。我该如何让孩子对书本重拾兴趣呢?

小·羽妈妈的建议:

好奇心与学习力可以说是人与生俱来的本能,通常是因为后天受到不好的经验影响,破坏了"学习的胃口",孩子才会失去对学习的热情。在这边分享几个帮助孩子重拾学习热情的方法。

从成绩强弱、科目喜好着手

就算成绩再差,孩子也有比较喜欢的科目。

替孩子拟订读书计划时,父母可以针对孩子的成绩来做时间上的分配。比如,文科好、数理科差,那么在排计划时,就要给数理科多一点时间。又如,孩子对读书没什么兴趣,那么可以将他成绩最好的那一科放在最前面,让他"一开始就不排斥念书"。

先读半小时就好

对于不爱念书的孩子,父母可以先给他一点"甜头",告诉他"先读半小时",念书就像爬山,当爬得很累而想放弃时,如果有人说:"再五分钟就到了",心中的感觉是不是就变得轻松多了?即使事实上五分钟并不会到达山顶,但却会激发"我愿意"的欲望。

使用趣味抽书法

假如孩子对读书计划还是兴致缺缺，那么，家长可以采用比较趣味的方式来引起孩子的兴趣。比如将课本堆成一直排，要孩子闭起眼睛抽书（就像抽扑克牌一样），替孩子排定今日的计划表，孩子会产生"是我自己抽的，念吧"的想法，当他心甘情愿地接受了读书计划后，执行时也就比较容易啦！

达成读书时该有的共识

有天晚上，邻居家传来骂小孩的声音，第二天，邻居告诉我："明明替孩子排好读书计划，却因为他同学的一通电话而放弃！叫他挂电话，他不肯，作业就拖拖拉拉的，不骂怎么可以？"

但光是骂一骂、打一打，真能够让孩子自动地一通电话只说三分钟吗？

我告诉邻居，与其打骂，倒不如好好跟孩子沟通，达成读书时该有的共识。

比如告诉孩子："读书期间专心是很重要的，所以此时先不接电话，但会替你留下讯息，等到休息时，你再回电给对方。"

一旦孩子认同，读书时间就不会被电话所占据。

不过，父母要注意的是，孩子每天与同学们在学校中见面，当然都希望维持良好的人际关系，因此，孩子如果同意你的建议，你也要遵守诺言，尽量替孩子记下来电的同学及电话，让孩子对于读书期间的共识更加信任。

带孩子到图书馆

你家附近有图书馆吗？有没有带孩子去过？如果孩子看到课本就反感，那么不妨先从带孩子上图书馆开始。

现在的图书馆，多半依照年龄设有"儿童馆"和"一般图书"；有些细心的儿童馆,还会在儿童馆内隔出一块"学龄前区",让小小年纪的幼童也有可以翻书的天地。当孩子进到图书馆时,一定会先感受到安静的气氛,此时,孩子的心自然也会跟着沉静下来,知道自己不能大声喧哗。

可以说,图书馆已经先营造了一个"读书"的气氛。

对于不爱课本的孩子来说,图书馆有各式各样的书,首先可以让孩子自己选择他觉得有兴趣的,此时无论孩子选了什么,父母千万都不要干涉,或是要孩子拿父母期望孩子看的书,因为目的是要让孩子喜欢到图书馆,所以要从不排斥看课外书开始。

引导孩子看一些从来没看过的类别

回想一下,当你到图书馆时,都看哪一类的书? 是不是只专注于喜欢的类别,对于不感兴趣的,几乎连走到架前的机会都没有?

信息的进步使得书籍的出版,如雨后春笋般呈现在大众眼前,就连一些以前我们难以理解的科学类,也有出版社委托专业人士将之写得生活化,使得原本艰涩的东西,也变得易懂、有趣。

至于令人头痛的数学,也有人以活泼的文字,加上实用的例子著书,让数学变得好玩!

假如我们不去尝试看一些从来没有看过,或者不去拾起过去被认为是专家才研究的类别,那真是非常可惜的一件事。孩子也是一样,到了图书馆,一定会被漫画吸引,至于以文字居多的传记、故事,恐怕碰都不碰。

当孩子对图书馆比较熟悉后,父母不妨带着孩子到传记区,花点时间讲里面的故事给孩子听;也可以带着孩子到科学区,让孩子看看火箭的原理;或者在进到图书馆就和孩子约法三章:"今天我们先看某某区的书,再看漫画。"如此每次去,每次都能看到不同类别的书,让孩子能很快地知道图书馆是如何分类的,也因此能从中找到自己真正的兴趣。

一旦孩子爱上图书馆后，当他在学校空堂时，就会懂得到学校的图书馆中游览书香世界；需要查数据时，也能很快地找到所需；甚至孩子长大后，也不会忘了去图书馆享受人生。

书是我们的精神食粮，爱读书的孩子不会变坏，爱上图书馆，人生也会更有趣味！

建立一个家庭图书馆

很多父母发现，现在的作业形式，愈来愈活泼、多元化了，孩子需要自己查数据、写报告的机会增多了。

当孩子没有时间天天跑图书馆，又怕上网太久会坏了孩子的视力时，建立一个家庭图书馆，是不错的方式。所谓家庭图书馆，并不需要多大的空间，我认识一位老师，她在孩子的书房里放了几套给孩子看的书籍，这些书的文字浅显易懂，有的还辅以图书，很能让孩子接受，每一套大约十本至二十本，一套就是一类。她将这些书分为地理类（介绍世界、国家的书）、人物类（各国名人传记、各国历史）、艺术类（音乐、绘画）、自然科学类（大自然、科学、计算机），以及百科全书。

如此，当孩子的作业是"介绍五位三国演义中的人物"时，可以从人物类中查到相关数据；当孩子上课学到"毛毛虫变蝴蝶是完全变态"时，也能从自然科学类或百科全书中查到更多信息。

倘若孩子觉得书上写的还不够多时，也可以在父母的书柜中找找有没有相关书籍，这么一来，通常能快速又准确地完成老师交代的功课。

Q:孩子很被动,怎么办?

我的孩子说到吃点心、玩耍一定跑第一,可是不管是起床、洗澡、整理房间……都得要我三催四请,累个半死,孩子有时也不见得会开始动作,等到我发怒骂人了才开始做事。有没有什么方法,可以让孩子凡事主动、懂得自律呢?

小·羽妈妈的建议:

寒风刺骨的早晨,有什么办法能让人主动离开温暖的被窝?

一百年前,美国的心理学家威廉·詹姆斯以自己的经验说:"因为想到日常生活的一些事情,脑海中会立刻出现非起床不可的想法,于是,我就会马上跳下床!"

主动,是一种自发的状态,而不是强要以意志力和决心来驱动的。心理学家马里兰度认为,一个人打算要做的目标,是促使人类自发的重要关键。

那么,在贯彻目标之前,要如何训练孩子主动的能力呢?

让孩子自律不是梦

一天中午,我到住家附近的火锅店吃涮涮锅,与老板娘聊起来,得知她有两个读小学的孩子。

提到孩子,老板娘就说:"果真是男女有别耶!"

老板娘告诉我,老二是女孩,从小就懂得收拾东西;老大是个男孩,却常丢三落四的,才买的新水壶,去了一趟动物园就不见了,至于雨伞,更是常常带出去就没回来过。

"最离谱的是,有一天放学,我发现他怎么没穿外套回家,追问之下才知道,这孩子根本就不晓得外套是什么时候不见的。"

的确,有的孩子很容易走到哪儿、丢到哪儿,这样的孩子,说起来也算是不够自律,不然怎么会忘东忘西?

假如你家有这样的孩子,光是耳提面命、念兹在兹是不够的,有时不妨让孩子尝尝看"没准备好的后果"。

学者凯勒曾经做了一个"绕道实验"。

到过动物园的人都会发现,在动物旁边,多半会放着食物,好让动物们可以即食,然而,凯勒却故意将食物放在动物伸手拿不到的栅栏外,当动物感觉饿时,只好绕道走出栅栏,才能让自己吃饱。

教育孩子也是一样,如果什么都帮孩子准备好,没有让他自己动手做,怕孩子迟到就替他穿衣服,那么孩子永远有妈妈当靠山;而当孩子没有带齐功课,妈妈总是不厌其劳地替他送东送西时,孩子就永远不觉得自己该为学校生活尽心力,间接地养成了不负责任的态度,更遑论自动自发了!

从主动到贯彻始终

当孩子已经发动了想要做某件事情的意念时,有什么方法可以让这件事贯彻始终?

很多孩子都是想想而已,然而,想归想,距离达成目标还差一大截。

为了让孩子能够达成目标,马里兰度以一幅爬山图来作为测试成就动机的方法(如图),家长们不妨让

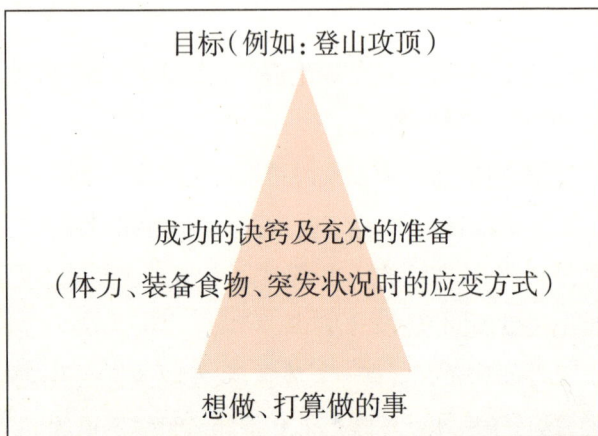

目标(例如:登山攻顶)

成功的诀窍及充分的准备
(体力、装备食物、突发状况时的应变方式)

想做、打算做的事

孩子照着做。

首先,让孩子说出自己想做的事情(例如登山),目标是攻顶。接着,与孩子共同讨论,如果想做这件事,成功的方法以及准备的过程有哪些(例如:锻炼体力、准备食物、预先想好突发状况发生时的应变方式),当一切都就绪后,攻顶的胜算自然比没有准备就去做来得高许多。

"想与做"必须要同时进行,才能让一个决定变得完整;相反地,只想不做,或者只做不想,都无法让事情顺利进行。因此,当平日孩子遇到问题时,父母们也可以运用此图,与孩子共同讨论如何解决问题,让想的跟做的一样完整。

Q:如何让孩子做家事？

我是个职业妇女，育有一对儿女，平时虽然对于工作充满了自信，在家里却常常因为有忙不完的家事和孩子的教养而感到头疼，特别是每当我因为工作而晚回家，累个半死还得洗一堆碗盘和衣服，心里总会想："为什么孩子就不能帮帮我呢？希望孩子可以专心念书，而不要分心做家事的想法，是不是错了呢？"

小·羽妈妈的建议：

记得第一次在电影中看到美国孩子小小年纪就着晨光、骑着脚踏车送报时，心中非常惊讶，因为这种情节在台湾是不会发生的。

或许是台湾的街道比较复杂，车子也多，并不适合让孩子送报，但是除去环境因素后，家长的想法又是如何呢？

一位老师告诉我："台湾的家长真的很注重孩子的教育，有的家长对孩子的态度，真可以用'服侍'二字来形容。孩子放学回到家中，什么事都不用做，只要将时间放在用功念书、学英文、习才艺就好了。"

"什么事都不用做"对孩子真的好吗？

由于文化不同，欧美的小孩在小时候就有做家事的习惯，但是台湾的父母却在升学压力及望子成龙的期望下，以读书为第一原则，什么事都替孩子做得好好的。有一句形容词是"生活白痴"，指的正是只会读书，不懂得生活的"读书机器"，根据报道，有些人到了一定的年龄，甚至连洗碗都不会、连葱长什么模样都不知道。

你真的希望自己的孩子成为大家口中的"生活白痴"吗？

如果答案是否定的，那么从现在开始，就让孩子学做家事吧！

孩子可以做哪些家事?

在春之初的某个假日,住家附近的一楼庭院里传来了阵阵笑声,吸引我探头一看,原来是位父亲正动手替生锈的铁栏杆上漆,他的身旁站着一个小学年纪的孩子,也拿着小刷子在一处栏杆上奋力地漆啊漆,一边漆,一边露出灿烂又得意的笑容。

到底孩子要从几岁开始做家事呢?

许多孩子在两岁时,看到妈妈扫地,就会硬要抢走妈妈的扫把,学习妈妈的模样挥呀挥地。孩子的心里其实是想要模仿妈咪,也想要帮忙,偏偏力道不足,如果妈妈这时很紧张地大声咆哮:"快把扫把还妈妈,小心打到自己"、"你看,你把妈妈刚扫进畚箕里的垃圾又弄出来了",这样子是不是影响了孩子对扫地的兴趣呢?

其实孩子可以做的家事是很多的,只要不危险,都可以让孩子尝试。当然,有一些家事是孩子稍大才能做的,比如两岁的孩子不会排筷子、排碗,但小学的孩子已经有力气及灵活度足以做这些事,父母可以在煮最后一道菜时告诉孩子:"快要吃饭啰,弟弟先来排筷子吧!"

做家事对孩子来说,其实是一件很有趣的事,只不过当孩子是被父母"使唤来、使唤去",或者是孩子做了家事还被父母嫌"做得不够好"时,孩子对家事的兴趣当然会减低了。

从做家事中学习两性平等与家庭观

做家事的人一定是妈妈吗?

就算是没有在外工作的家庭主妇,也未必要将家事"全权包揽"!

"家"是全家人的,只要是住在这个家中的人,就有义务使家庭更好。当父母让孩子做家事时,如果只是说:"帮妈妈做家事。"孩子就会认为"家事是妈妈做的"。如果父母改个口气说："我们一起来做家事吧！"这时候孩子就会觉得家事是大家共同做的，而不是妈妈的工作。当孩子长大后，男孩子就不会有所谓的"大男人主义"，整天像个没有自理能力的人，事事要老婆侍候；而女孩子也不会在白天辛苦工作回到家后，还要因为没做家事而有深深的罪恶感，强迫自己揽起所有的家事，累倒自己。

家事说多不多，说少不少，但是如果大家都能够分工合作，它就不会是个沉重的负担了。

Q:孩子冷漠,怎么办?

我的儿子小强今年九岁,刚升上三年级。

有次在班亲会时,老师特别请我在会后留下来。原本,我以为小强在学校是不是不乖? 没想到,老师却告诉我,她观察到小强对于班上的事务都不愿参与,和同学之间的互动也很少,相较于同样九岁的孩子,小强明显地冷漠许多。

我发现,小强在家中也是一样,不帮忙家事,也不会主动关心我,什么事都跟他不相关似的,要怎么做才能让小强不要这么冷漠呢?

小·羽妈妈的建议:

当孩子对人与事感到冷漠时,的确会让教养者感到无力,然而,事实上只要从生活中一点一滴努力起,还是能够改善孩子冷漠的情形。首先,爸爸妈妈要先别着急,孩子会变得冷漠,不是一两天的事,或许在你努力的过程中,孩子的反应一样冷漠,但请记得耐心以对,孩子能够感受得到的。

多用亲子时刻代替“三机”

孩子对人际、社会的参与度,与父母、家庭生活有着很大的关系。

先从家庭生活来说,你知道看太多电视,也会造成孩子冷漠吗? 德国的学者彼得·温特豪夫·斯伯克教授,在深入研究后,认为电视是造成现代人冷漠的一个重要因素。他提到,孩子因为经常看电视,很可能把媒体中的明星形象当成新偶像,但因为这些明星偶像变换的速度很快,人们对他们的了解并不深,进而没有真正的“切入点”。同样的道理,孩子如果与“三机”(电视机、计算机、游戏机)相处过久,会影响孩子与社会人我关系的互动,因此,父母如果发现孩子的冷漠,是因为缺少与人互动的机会,那么请协助孩子,让亲子间"专属的谈话时刻"多多代替"三机"的问候！

教孩子保护自我，但不必太过紧张

常常听到父母们说："现在坏人太多，真恐怖。"

如果你也经常将这类的话挂在嘴边，或是让孩子看太多"与坏人有关"的社会新闻，那么，孩子幼小的心灵，早已被害怕所填满，久而久之，对社会产生错误的认识，也可能会出现对人冷漠的情形。

也有些父母怕孩子交到坏朋友，所以从孩子小的时候，就限制孩子的交友，让孩子失去同伴往来的人我关系，造成孩子对朋友的不信任，也会导致孩子愈来愈冷漠。

为了不让孩子继续冷漠、害怕下去，首先，父母本身不能过度紧张，只要教孩子保护自我，信任孩子做得到，久了之后，孩子也会渐渐地打开封闭的心房。

让孩子找到自己的价值

很多父母忙碌地工作，将赚来的钱花在孩子的补习、才艺上，却发现孩子一点儿也不感激时，经常破口大骂孩子不懂得感谢父母的付出。究竟，为什么父母这么认真、辛苦的付出，孩子却无法体会？

原因就在于父母期待的，并不是孩子内心真正需要的，父母却硬要孩子接受，孩子当然无法体会。当孩子内心的声音无法被满足、接受时，会找不到自己的价值，也因为父母的付出与孩子的需要不同，孩子因此变得不懂得如何付出，进而用冷漠来面对。

每个人都有自己的价值，孩子也是。当父母认为，孩子的价值，就只是"用功念书就好"、"把我安排的才艺学好"时，等于眼中只看到学业、成绩，却忽略了孩子的天赋,实在是很可惜的一件事。

如果,你也是重视孩子的成绩、才艺,远过于孩子其他特质的父母,是否愿意试着听听孩子的心声、看看孩子的天赋? 一旦孩子被允许发展自己的天赋,在父母的鼓励下,孩子将会找到自己的价值,并且看到别人的价值,对人将不再冷漠以对。

让孩子从日常生活中学习感恩

有些冷漠的孩子,是因为从小到大备受溺爱,要什么有什么,生活中只有"受"没有"施",也因此没有感恩的心。

此时,请引导孩子从日常生活中学习感恩,方法很简单,比如,在吃饭时,父母率先称赞"这道菜好好吃,谢谢某某人(煮饭者)"、"这白饭好香喔,幸好有农夫种田"、"这水果好甜喔,住在台湾真好! "

我在班上说故事前,有一阵子也会从天气开始引导,让全班小朋友闭上眼睛,深呼吸,感受今天阳光的美好(下雨时则是感谢雨水可以滋润大地),谢谢大自然给我们空气、阳光和水,然后张开眼睛,再继续接下来的故事。我发现,在刚开始进行时,有些孩子会张开眼睛看其他的同学、有些孩子或许因为不习惯而东摸西摸,但几次之后,孩子们很自然地就会以最舒服的姿势闭上眼,来一趟不到两分钟的心灵感受之旅。

感恩,并不是单纯的说谢谢而已,而是从内心深处,真正地感激事情的美好,并乐于将感受到的好处再回馈给他人,形成施与受之间的良好互动,不再单纯只施不受。

以前,台湾的物质较贫乏,父母的重责大任是让孩子不挨饿;现在,挨饿的孩子变少了,但心灵贫乏的孩子却变多了,父母们在辛苦工作的同时,也请别忘了与孩子共同滋养彼此的心灵喔!

Q:手足爱吵架、不互相照顾,怎么办?

三十岁的阿丽在生了第一胎之后,觉得养儿真累,因为阿丽的儿子总是缠着阿丽不放;上厕所时,儿子跟进跟出不提,就连煮菜时,还得一手握锅铲,一手抱孩子。

许多长辈们看到阿丽的情形,都告诉她要再生一个,老大跟老二玩在一起,就不会黏着妈妈了。于是,阿丽在希望孩子能多一个伴的想法下,生了老二。结果呢? 阿丽说:"没错啦,孩子是没像以前那么缠着我,可是我光是处理他们吵架的问题,就够我一个头两个大了! 原本以为生两个可以互相照顾,没想到完全不是这么一回事。"

小·羽妈妈的建议:

"一个小孩黏整天,两个小孩吵翻天",即使是感情再好的手足,也会有吵架的时候。于是,就在旧怨难消、新仇又起下,两个人便从开骂演变成开打。

手足冲突,不会只发生在男孩子身上,兄妹口角、女儿们互打都是很有可能的事,但如果是口角或小吵架还好,假如是经常吵架,且吵到感情变不好,相信是父母都不愿意见到的。当发现孩子们间火药味十足时,要如何处理呢?

了解手足冲突的原因

每个孩子都是独立的个体,即使是同一个妈妈教出来的,孩子的想法还是不一样,甚至会出现南辕北辙的个性,要他们完全没有冲突,还真是不可能的事! 尤其在孩子还小,心智都未成熟时,一个以上的孩子出现在家庭里的时候,孩子间的竞争就出现了。

通常,手足冲突的原因如下:

·嫉妒——就算父母不拿手足互相比较,孩子还是会听到亲朋好友们的话:"这是你们家老二啊!还真漂亮,将来可以去当电视明星!""听说你们家老二钢琴比赛得奖,真不简单!""你们家老二……"

在家庭中,很容易出现上述情形,此时,老大的内心一定会感觉失落:"原本我是家中的宝,自从妹妹出生后,父母的爱已经被分走一半,她还比我漂亮、比我会弹钢琴。"就这样,嫉妒的心情便油然而生。

·怀疑——觉得父母比较不爱他,于是借机欺负对方。

·不公平——觉得父母偏心、偏爱:"为什么他有我没有?为什么他可以我不行?为什么是我被骂,不是他被骂?为什么爸妈问都不问就说是我的错?为什么我都要让妹妹?"

·抢东西——除非两个人的东西一模一样,不然很容易发生"大的抢小的,小的又抢大的"。

·限制——大的倚老卖老,把妈妈限制他的,依样画葫芦来限制弟弟妹妹,偏偏弟弟妹妹不理会,于是就开始吵啦!

如何处理手足冲突

无论家里的孩子们为了上述哪一种原因吵架,父母们首先要了解:"让"不能解决问题。

原因是,总是被劝让的一方,久了会觉得"不公平",而对父母的爱产生怀疑;此外,总是被让的一方,也会以为自己是对的,反正哥哥(姐姐)就是要让我。而在一次次的让来让去中,问题和冲突还是没有解决。

此外,通常父母在处理手足冲突时,除了要求"大让小"之外,也会出现"弱者情结"——只要小的来报告,就觉得小的好可怜,大的怎么这么不懂事、不疼惜弟弟妹妹。却不知这么做,只会让大的更"证明"自己没人要、没人爱。

如果父母希望手足间真心地"兄友弟恭",首先,要从公平、不比较做起。

政大心理系钟思嘉教授在一次"从家庭星座谈亲子教育"的演讲中谈到："人在三四岁时开始寻找地位，到了十几岁时，就会对自己有固定的想法，认为自己是很好的，或是很差劲的。"

因此，家长们如果能从肯定孩子开始，了解孩子各有各的长处，并且让孩子也知道自己的优点，从中给予信心，让孩子知道父母的爱是相同的，就比较不会有"将得不到的爱，统统出气在弟弟妹妹身上"的强烈情绪。

在日常生活中，不妨让手足间玩一些"同心协力"的游戏，让他们一起完成某件事；或者告诉手足一些好话，如告诉弟弟："哥哥说你今天表现很好"，告诉哥哥："弟弟说你很疼他"；也可以让手足间互相帮助，以增加手足间共患难的情谊。

重新看待"照顾"的意义

近来与一些妈妈们聊天时，我发现，现代的哥哥姐姐，好像真的不太愿意照顾弟弟妹妹。

我自己有两个女儿，在教养孩子时，会觉得姐姐照顾妹妹是正常的。我认为，姐姐比妹妹早出生三年，姐姐会的事，妹妹不一定独自做得到，站在这个立场，姐姐当然要照顾妹妹。

再加上我自己是长女，有一个妹妹，从小，我就被妈妈教育，要照顾妹妹、对妹妹好，无疑地我也会这样教育女儿，并想象大女儿会像我一样，很照顾自己的妹妹。

但是，情况和我预期的并不同。

许多时候，我觉得大女儿该照顾妹妹时，她都不愿意出手；有时连个小忙，也不愿意帮。妹妹也多次来"投诉"，说姐姐都不理她、讨厌姐姐……

每次遇到这样的情况，我就会自问："明明我对大女儿的爱也不曾减少，为什么她没有办法对妹妹好一点？"

有一天,姐妹俩在公园和一群不认识的小朋友玩耍时,其中一个男孩子冷不防地伸出手,很大力地推了妹妹,我正要走过去时,就看到姐姐快速跑到妹妹前面,张开双手,仿佛是在保护妹妹般,对着这个男孩子大喊:"你不可以推我妹妹!"

看到这一幕,我突然恍然大悟,想想,姐姐的个性本来就比较独立,在她眼中,很多事情妹妹可以自己来,根本不需要她"照顾",而妹妹的个性刚好与姐姐相反,是属于"依赖心较强"的,两人对于"照顾"的标准不同,我却经常"暗示"加"明示"姐姐要照顾好妹妹,难怪更引起她的不满。

尽管如此,但是,她依然会在该照顾的时候,挺身而出。

也是从这一次开始,我重新看待"照顾"的意义,或许,我认为自己要求大女儿照顾妹妹的标准,已经降低许多,但是对大女儿而言,我的标准还是太高。

于是,我学习用更宽松的眼光,来看待姐妹俩的相处,并告诉小女儿:"每个人都有自己的个性,姐姐虽然不如你期待中的那么照顾你,但是,在最重要的时候,她还是没离开你,不是吗?"

我发现,当我用新的眼光来看姐姐时,姐妹俩的感情反而比以前更好,即使是吵架,大部分都只是斗斗闹闹,终于不再像过去那样出现"讨厌"的字眼了!